幽默一點，溝通就會順一點

草刈MARTHA

並不是因為開心才笑，而是因為笑了才開心。

We don't laugh because we are happy,

We are happy because we laugh.

威廉・詹姆士

前言　從超級認真女孩，變身成幽默大姐

二十年前，我和先生在美國遭遇了一場車禍，兩個人都傷得不輕。先生腳打了石膏，我的手也纏滿了繃帶。手術當天早上，我們倆根本提不起勁說話，滿腦子只想著接下來到底該怎麼辦才好，充斥著不安，連呼吸都變得困難。我推著輪椅，低著頭走進了候診室。

就在這時，大約五十歲左右、身形圓潤的護士走了過來，開口就說：「哎呀呀，這場夫妻吵架可真激烈啊！到底是誰先動的手啊？是你先把太太踹飛的？還是太太先揍了你一拳？」

我們聽了忍不住對看了一眼，然後一起笑了出來。就在那一瞬間，心情突然輕鬆了許多。我們被那位護士的幽默給救贖了。

其實，很多事情只要換個角度看，就會變得有趣起來。那些讓你煩惱的事，也能變成笑談。如果我們能用欣賞的眼光，連同那些負面的事一起看待，是不是

人生就會變得更有趣、更好玩呢？

人生近看是悲劇，遠看是喜劇。

Life is a tragedy when seen in close-up,

but a comedy in long-shot.

查理・卓別林

這本書，並不是要教你怎麼講笑話來逗人笑。

而是寫給那些覺得自己太過認真、凡事容易想太多，或是希望能更做自己的人。希望能透過「幽默」，讓你放鬆心情，過上更輕鬆自在的人生。

其實我原本就是一個超級認真的人，人家講個玩笑話，我也會玻璃心；一旦犯錯，更是會一直耿耿於懷，完全沒辦法對自己有自信。

但因為在美國遇到了一些非常有幽默感的人，讓我學會了用不同的角度看事情。回到日本後，我變得積極去挑戰各種事，個性也一點一點地改變了。以前的我很怕生，現在，反而很期待和陌生人說話的機會，心裡甚至會有點小雀躍。

大家也開始對我說：「妳總是很有活力耶！」「有妳在，氣氛都變得好明亮！」「跟妳在一起真的很開心！」不知不覺間，我也變成了大家公認的幽默大姐了（笑）。

現在的我，開設了「幽默溝通課程」，對象包括上班族、家庭主婦和銀髮族，課程有日文也有英文。那些一開始表情很僵硬的學員，上著上著，開始笑容變多，想法也慢慢變得正向起來。

原本總是否定自己的人，也能慢慢接受真正的自己，最後甚至能把自己的缺點當笑話講出來。

看著這樣的變化，我心裡越來越想把「療癒人心的幽默力量」分享給更多人！因此，才決定寫下這本書。

認真本身並不是壞事。但過去那個想要認真活下去的自己，之所以過得那麼辛苦，就是因為太過用力地生活、太過執著。如果當時有幽默感，一定能過得更開心，享受生活更多。

人生就不該是一條繃緊的線，而是需要一點點鬆弛，才會讓心有餘裕。

沒有幽默感的人，就像沒裝彈簧的拖車，
路上遇到再小的石頭，都會顛簸不已。

A person without a sense of humor is
like a wagon without springs.
— jolted by every pebble in the road.

亨利・沃德・比徹

這本書會透過一些親身經歷的幽默故事，還有我在幽默溝通課程裡實際教學的內容，告訴你想讓人生變得更有趣，需要掌握哪些心法和練習。

第1章【什麼是幽默感？】我會先來聊聊，什麼叫做「幽默」？也會和各位一起思考，為什麼常有人覺得日本人好像不太有幽默感。

第2章【讓自己保持好心情】開始進入實戰篇。在練習幽默感之前，先做點暖身操，這一章會教你怎麼讓自己的心先穩定下來。

第3章【讓幽默變成習慣】目標是打造一個充滿幽默感的自己。學會把幽默變成生活習慣，培養出一顆懂得玩樂的心。等到玩心有了，接下來就要進入跟人互動的實戰場了！

第4章【來吧，開啟幽默式溝通】這一章會告訴你，怎麼發揮你的幽默感，讓自己和對方都能聊得開心，心情變好的一些溝通技巧。

最後，如果你一路看到第5章，那我就要來介紹所謂的「終極幽默」了，敬請期待！

過程中可能會出現一些很無聊的冷笑話，但能夠用一顆包容的心看待這些，其實也是幽默感裡很重要的一環。所以請各位帶著輕鬆自在的心讀下去吧！

說到幽默，當然五花八門、因人而異。但如果裡面有哪怕只有一個故事、一個觀念讓你有共鳴，那就請你試著把它融入你的生活裡吧！或許你會開始喜歡那個不加濾鏡、不濃妝豔抹、最真實的自己。說不定，你還能可能成為社區裡人人稱讚的「單口喜劇王」呢！如果最後，能笑著、自在地迎接人生的終點，不是很棒的一件事嗎？

讓我們一起來練習，從日常生活裡的小事開始，學著把它們當成有趣的事來看待吧！

目次

第2章

3

玩樂時間……75

第1章 什麼是幽默感？

幽默感是一種看事情的角度

一聽到「幽默感」，你腦海裡會浮現什麼樣的畫面呢？是說些有趣的話？還是搞笑、機智、或者像漫才那樣的表演？請先看看左邊這張插圖。

想必你會回答：「這是個衣架。」

那麼，如果不把這個衣架當作衣架來看，你覺得它還可以像什麼呢？

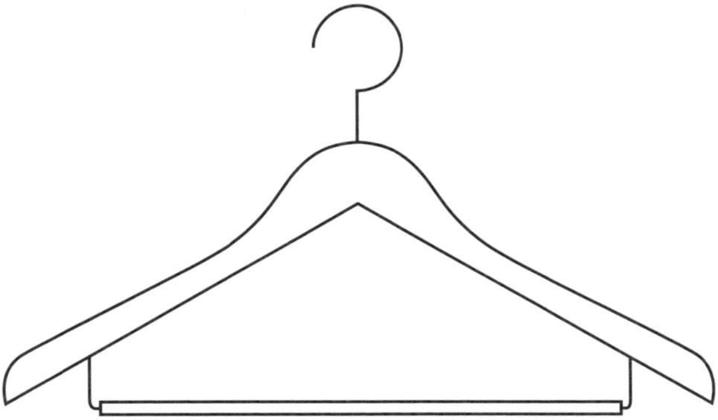

不管從什麼角度去看都沒關係。像是電車的吊環、弓、迴力鏢、紅酒杯、耳環，甚至是湖面上的白天鵝……，只要你願意，這個衣架可以被想像成各式各樣的東西。而當你突然從一個意想不到的角度來看時，或許會覺得「欸？這樣想還滿有趣的耶」。

在面對發生的事情也是一樣。就算是不幸的經歷，換個角度去看，有時候也會變得有趣起來。在前言裡提到的那位護士，就是最好的例子。**幽默感，其實不是指說出有趣的話，而是「發現」有趣的事物**。我們因為有味覺，才會覺得東西好吃。但即使吃同一道菜，有人覺得好吃，有人卻完全不覺得特別。同樣的情況下，有人能感受到有趣，有人卻覺得一點都不好笑。那種能夠察覺有趣事物的「感覺」，就是幽默感。

幽默感其實因人而異。有些人覺得好笑的東西，別人可能一點都笑不出來。所以，最重要的是，先從增加自己覺得有趣的事情開始吧！

幽默與搞笑的差別

一聽到「搞笑」，大家腦海裡大概會先想到搞笑藝人或喜劇演員吧？他們的工作就是站在台上，說些有趣的話、做些好笑的事，讓觀眾發笑。而且他們還有專門為了「怎麼逗笑觀眾」而鍛鍊出來的一套技術。

感覺門檻很高對吧？應該很多人都有過，試圖說點好笑的，結果現場氣氛一整個尷尬起來，最後只好心想「不行啦不行啦，這根本不適合我！」別擔心，這本書並不是要教你怎麼成為搞笑藝人或說笑高手，而是帶你一起磨練「幽默感」。說到底，幽默本來就不是為了讓人發笑而存在的。不過，**當你開始擁有幽默體質之後，自然而然就會變得比較能想到有趣的點，甚至能輕鬆講出來。**

查查字典，幽默的意思是「能讓人感到溫暖的趣味」、「帶著優雅感的風趣和笑點」。而上智大學的名譽教授阿爾豐斯・戴肯（Alfons Deeken）先生曾經說過，德語裡「幽默」的定義是——**「即使如此，仍然能笑出來」**。

舉例來說，為了拿抽獎或集點，結果忍不住買了一堆根本不需要的東西；又或者，看電視看到介紹什麼拉筋操，跟著做了之後，肌肉拉傷還得躺著休養……

人類啊，真的很可愛。說穿了，其實就是一種有點笨笨的動物。但正是因為這樣，幽默感才會從這些地方冒出來。

幽默，就是能夠用客觀的眼光去看「人類」這個生物，然後覺得有趣。能夠欣賞人類身上的各種矛盾，甚至享受這些矛盾和悖論帶來的趣味。

我的恩師，同時也是英語辯論與演講的講師的井上敏之先生，就是活生生實踐了這句「即使如此，仍然能笑出來」的人。他最近也正式邁入高齡者的行列了。「我啊，最近有時候會忘記拿包包，直接走出店裡。不過因為現在走得慢，沒辦法像以前那樣健步如飛，反倒是店員一下子就追上我了，邊喊著『先生～！』邊把包包送來。哈哈哈！」

人啊，隨著年紀增長，健忘會變多，體力也會跟著下滑。但真正有幽默感的人，面對這些事情不會只是嘆氣，而是能從中找到有趣的地方。你不覺得，如果能像這樣優雅又帶著笑意地變老，人生其實也挺不錯的嗎？

保持年輕的祕訣，就是坦率地活著、慢慢地吃，
還有——謊報年齡。

The secret of staying young is to live honestly,
eat slowly, and lie about your age.

露西兒・鮑爾

人生不可能只有順遂的時候。會撞上電線桿、被狗咬，甚至還可能有隕石掉下來……總之，人生總是會發生一些出乎意料的事。而能夠把這一切都當作趣事、積極享受的能力，某種程度上來說，這就是一種「特殊技能」。我認為，這就是所謂的幽默感。

日本人沒有幽默感!?

當我在我加入的「美國治療性幽默協會（AATH）」裡，偶爾開開玩笑時，美國人就會說：「欸？我以為日本人沒有幽默感耶。」這樣的話聽了不少次。被美國人誇有幽默感，當然還是很開心的。但老實說，心裡也有點複雜，感覺他們是不是根本認為「日本人很嚴肅，沒什麼幽默感」呢？那為什麼，日本人給外國人留下「沒有幽默感」的印象呢？我也試著思考了一下原因。

不能笑

在英語的演講裡，開場通常會先來一段輕鬆的小笑話，或者聊點觀眾有興趣的趣聞。**目的就是先讓大家放鬆下來，拉近彼此的距離**。而且觀眾本來就習慣這樣的流程，所以通常也都會笑一笑，氣氛很自然。這種事，在歐美或許很正常，在日本可就不一樣了。不管是上台演講，還是初次見面聊天，日本人通常沒有講幽默話或開玩笑的習慣。

我有一位來自關西的男性朋友，是位講師。有一次，他在東京某場講座中穿插了一些笑話，結果完全沒有人笑。他心想：「啊，是不是東京人聽不懂啊？」結果講座結束後，有位參加者走過來跟他說：「唉呀～老師，您的講話實在太有趣了，害我差點忍不住笑出來，一路憋笑憋得好辛苦啊。」

聽到這句話後，我朋友在心裡大喊：「啥啦！笑出來啊！」

因為大家普遍認為，課堂或研討會這種場合，老師就是要正經地講，學生也要認真聽，所以就算覺得好笑，也會拼命忍住不笑。加上日本是個講求縱向關係的社會，長幼有序、上下分明。就算上面的人可以笑，但如果下面的人對上司、長輩笑出來，反而可能被認為不禮貌。為了避免被對方覺得「你是在嘲笑我嗎？」，我們會連微笑、笑聲都特別克制。

或許正因為這樣，日本人才會被說沒有幽默感吧。

不能被笑

日本人有「羞恥文化」的說法，總覺得「講這種話很丟臉吧」「被別人笑怎麼辦」，特別在意別人的眼光。不是以「我自己想怎麼做」為優先，反而一直在想「別人會怎麼看我」。**就算腦海裡浮現了有趣的想法，也會害怕「會不會被當成笨蛋？」「會不會覺得我是怪人？」於是選擇閉嘴不說。**不過，還是有人會在家人或親密朋友面前，講出自己覺得好笑的事，所以應該不是沒幽默感，而是這份幽默，通常不會表現出來罷了。

必須忍耐

我覺得，日本人習慣忍耐，這點也是讓幽默感漸漸被壓抑的原因之一。

看看日本的童話故事就知道了，像是《鶴的報恩》、《浦島太郎》、《雪女》等等……故事中總有一堆「考驗忍耐力」的情節。

「千萬不能偷看我織布的樣子。」

「絕對不可以打開寶箱。」

「遇見我的事，絕對不能告訴任何人。」

這樣的故事比比皆是，結局都是忍不住破壞約定，迎來悲傷的結局。

能夠忍耐是件好事，正因為有這樣的忍耐力，戰後的日本才能成長為經濟大國。每當發生重大災害時，日本人也總能保持冷靜，避免混亂，這一點更是受到全世界的讚譽。

在運動領域，嚴苛的訓練與堅持不懈的「運動根性」精神似乎也重新受到重視。即使到了現在，仍然有很多人認為，咬緊牙關、默默忍耐的樣子是一種美德。我小時候也是這樣，被《巨人之星》裡的主角「星飛雄馬」的努力所感動，他忍受嚴酷的訓練，一步步朝著夢想邁進，讓我備受鼓舞。

♪只要一旦下定決心，便勇闖那試煉之路～這就是男子漢的根性～

我也常對自己說：「我也要學著忍耐、努力撐下去。」但正因為這樣，反而讓我夜夜難眠，甚至開始影響到身體健康。現在因為壓力而罹患心理疾病的人越來越多。**其實，當人陷入過度執著或煩悶時，是很難生出幽默感的。適時保持距離，稍微換個角度看看，學著把困難當有趣的事情來看待，這樣的心態才是最重要的。**

我思考了一下，為什麼日本人會被說沒有幽默感？或許正是因為日本人一向勤奮認真，反而成了學習幽默路上的一大障礙。那麼，是不是代表日本人天生就不適合幽默呢？我認為，絕對不是這樣。從以前開始，日本就有落語、川柳、狂歌這些展現幽默感的文化流傳下來。甚至在江戶時代，來訪的外國人還留下紀錄說：「日本人愛笑，是個開朗的民族。」

而即使同樣是日本，關西地區的生活裡，笑聲也早已深深融入日常。那是因為在商人之城裡，為了維持彼此間的橫向聯繫，笑聲與幽默成了必要的存在。

幽默，也是一種能夠打破人與人之間隔閡的力量。

第2章 讓自己保持好心情

接下來，我將介紹具體的方法，幫助大家提升幽默感。

「幽默感不是一天就能培養出來的」——正如這句話所說，幽默感並非一朝一夕就能擁有。但在經營幽默溝通課程的過程中，我發現了一套能夠穩扎穩打培養幽默感的方法。

首先，本章的目標就是讓自己變得「心情愉悅」。**如果心情煩躁，或者對自己抱持負面情緒，就難以鍛鍊幽默感**。而且，若過於認真地努力學習幽默，反而會本末倒置。所以，首先要學會放鬆。

關鍵字是「放鬆」。按照「放鬆身體」→「放鬆表情」→「放鬆心靈」的順序，一起慢慢嘗試吧！

1 放鬆身體

在我的幽默溝通課程中，我們會先進行身體暖身，這是非常重要的步驟。但你可能會想：「這又不是運動，為什麼要先放鬆身體？」其實，**身體與心靈是互相影響的**。例如，當我們去按摩時，身體的緊繃被舒緩後，心情也會跟著放鬆。相反地，當身體僵硬時，表情也會顯得僵硬，思考也變得不夠靈活。你是否也曾有這樣的經驗呢？

那麼，現在就來學習草刈家代代相傳的舞蹈吧！（笑）讓我們一起徹底放鬆身體。

蒟蒻舞

①放鬆頸部、下顎、肩膀、背部、胸口、腰部、手肘、膝蓋的力量（特別是下顎，一定要澈底放鬆），嘴巴微微張開，做出一種「腦袋彷彿飛到某個遙遠地方」的表情。

②像蒟蒻一樣讓全身「軟綿綿」、「扭來扭去」地搖晃10秒鐘。

這個「蒟蒻舞」是我在四十多歲時，因為長期肩頸痠痛而從父親那裡學到的。我的父親年輕時喜歡鍛鍊身體，靠自學研究了許多穴道和呼吸法，因此一直到八十歲，都幾乎沒有去過醫院。蒟蒻舞也是他從書中學來的一種運動。

我特別喜歡這種讓脖子和身體「軟趴趴」的動作，於是將它稍微改編，並應用到幽默溝通課程裡，果然如預想的大獲成功。只要做個10秒鐘，整個場子的氣氛就會完全改變。

大家一起做蒟蒻舞，不僅能消除害羞感，也能讓身體徹底放鬆。尤其是……像我這麼端莊優雅（誤）的人，一旦嘴巴微開、身體扭來扭去，立刻就能引發一片笑聲。

每次做這個動作，大家的肢體表現都會越來越放開，表情也變得更柔和，連心靈都變輕鬆了。

說實話，這個動作與其說像蒟蒻，倒不如說更像是在海裡搖曳的海帶。但因為叫它「蒟蒻」讓人感覺特別輕快有趣，所以就這樣命名了！

在我的課程和研討會中，蒟蒻舞已經被我帶過上百次，而在這個過程中，我發現了一件很有趣的事——**只要看一個人跳蒟蒻舞，就能大概判斷他的幽默感有多少！**

做得很開心的人，通常本來就有很強的「玩心」，在後續的溝通練習時，也會樂於嘗試各種幽默表達；而動作僵硬、不願意動的人，大多數表情也較少，發言時較嚴肅、生硬。幽默，不是像廣播體操那樣「規規矩矩」的活動，而是要讓身體自由扭動、充滿彈性，這樣才能真正放鬆起來！

左右手腳搖搖舞

① 一邊從1數到7，一邊搖晃右手。

② **用同樣的方法搖晃左手7次。**

③ **用同樣的方法搖晃右腳，接著是左腳，也是各7次。**

④ **依序減少次數，變成6次、5次、4次……直到1次。**

例如，我的一位長者英語班學員H女士，與三個孫子一起生活，每天負責督促他們寫作業。可是這些孩子總是坐不住，怎麼催促都沒用。

後來，她在我的課程中學到蒟蒻舞和左右手腳搖搖舞，於是回家後和孫子們一起試試看。

沒想到，她和孩子們玩得超開心！

笑鬧一陣後，孩子們竟然能自然地坐下來開始寫作業！

與其對孩子說「快去寫作業！」、「快去唸書！」，不如一起來跳支舞吧！

光是想像祖孫三代一起跳蒟蒻舞和搖搖舞的畫面，就覺得超療癒啊！

2 放鬆表情肌肉

在身體放鬆之後，就換臉部了。**表情其實會影響一個人的情緒，當我們微笑時，心情自然變得愉快；反之，當臉上寫滿不悅，內心也會跟著低落。**

相較於英語，日語的發音較少使用臉部表情肌肉，因此大多數日本人需要特別練習放鬆表情肌肉。

現在，就讓我們帶著遊戲的心情，嘗試各種不同的表情，進行以下幾個臉部舒展練習！

檸檬、獅子臉

①對著鏡子，將臉部所有肌肉「縮緊」到鼻子附近，做出像是吃了檸檬般酸澀的表情。

②接著，將嘴巴大大地張開，張到無法再張為止，並模仿獅子吼叫的樣子。

③交替進行：「檸檬」→「獅子」→「檸檬」→「獅子」，重複多次。

百變表情操

①對著鏡子，嘗試用臉部表達各種情緒。

②變換不同的表情，例如：憤怒、悲傷、開心、驚訝、害怕、得意、鬧彆扭、懷疑等，充分運用臉部肌肉來呈現。

如果不確定該怎麼做，可以試著模仿一些表情豐富的人！像是電影、戲劇，甚至YouTube 上國外的影片 都是很好的參考資料。試著擺出平常不會做的表情，往往會覺得自己好像變得滑稽了起來，這種感覺其實很有趣！建議準備一面鏡子，邊看邊練習哦！

很多人都覺得我的表情很豐富，但其實我以前只會兩種表情——笑臉和嚴肅臉。

在美國留學時，甚至被當地人開玩笑說：「你看起來像個洋娃娃，一點表情都沒有！」當時我完全不知道該怎麼回應。後來我透過學習幽默、模仿各種表情豐富的人，逐漸拓展了自己的表情表達能力。

胡言亂語遊戲

如果覺得表情僵硬、不擅長表達情感，有一個超棒的練習法——「胡言亂語遊戲（Gibberish）」。

「Gibberish」一詞的意思是，完全沒有意義的胡言亂語。

聽起來像一種真的語言，但其實沒有任何意思。

我最初接觸胡言亂語遊戲，是在美國幽默應用治療協會的研討會上。

當時講師讓全場觀眾站起來，並說：「請大家用仿義大利風的胡言亂語，熱情地談論愛！」我完全搞不清楚狀況，但還是張開雙手，大聲用聽起來很義大利，但其實根本沒意義地亂語說：「那波里塔諾！歐～索雷米～喲！卡爾博納～拉！」

這個胡言亂語遊戲的神奇效果在於，因為語言無法傳達意思，大家會自然而然地加強肢體語言、語調和表情。不富含情感就無法傳達自己想要表達的意思，所以大家的表情自然而然地開始豐富起來。

雖然沒人聽得懂對方在說什麼，但透過動作、表情、聲調，我們居然真的能相互理解，建立「溝通」。我們平常比較容易壓抑情緒，開心時怕太高調，生氣時又習慣忍耐不表現出來。但**胡言亂語遊戲讓我們能夠完全拋開語言的束縛，用最直覺的方式釋放自己的感情，解放自己的心。**

儘管如此，對於第一次嘗試的人來說，可能會有點抗拒。建議可以先不發出聲音，單純讓嘴巴開開合合，像是在說「姆尼亞姆尼亞」一樣來暖身。等習慣了之後，再慢慢加入一些不同的聲音，讓嘴巴漸漸適應發出各種音調。

在所有胡言亂語遊戲的玩法中，最適合放鬆臉部肌肉的，就是透過不同情緒來表達的方式。具體來說，可以嘗試用「開心的語氣」、「難過的語氣」，或「失望的語氣」來胡言亂語。有時候，即使在公司對上司滿肚子不滿，也不能直接發洩出來，但如果用胡言亂語遊戲來抱怨，就算說得再激動，別人也聽不懂內容，所以可以毫無顧忌地盡情發洩情緒！（笑）不妨試試在廁所或陽台上偷偷來一段胡言亂語，相信會很舒壓！一位曾經參加我的幽默溝通課程的學員K，一直認為自己不可以有負面情緒，不應該表現出憤怒。然而，當他實際在胡言亂語遊戲中嘗試用「憤怒的語氣」表達時，卻發現內心突然輕鬆許多！

如果你平常很少對別人表達憤怒，不妨勇敢挑戰看看，或許會讓你有意想不到的解放感哦！

3 放鬆心靈

放鬆了身體和臉部之後，接下來就是輪到心靈了。其實，當身體和表情都變得輕鬆後，心情自然也會跟著感到自在。但如果想從根本上放鬆內心，那就需要提升自我肯定感。

想要培養幽默感，最重要的第一步，就是接受真實的自己。如果一個人的自我肯定感較低，通常也比較難展現幽默感。所以，請試著更認識自己、喜歡自己吧！準備好筆記本和筆，讓我們來一起挑戰看看以下的問題——

我喜歡自己的哪裡？

請列出十個自己喜歡的地方。

參加我的幽默溝通課程的學員們，很多人勉強能想到五個，但要列滿十個就變得很困難。這時，我會請大家試試問問身邊的人。「你的笑容很好看！」、「你的聲音很有安定感！」、「你感覺是個很誠實的人！」等等，就算是初次見面的人，也能從第一印象中，輕鬆列出對方的優點。

如果你也列不出十個，不妨也嘗試問問周圍同事、朋友或家人，即使有點害羞，也要勇敢開口說：「我正在找出自己十個優點，你可以幫我想一想嗎？」

哪怕只是小事也沒關係！當別人稱讚你的時候，你會發現這些話帶來的能量，比想像中還要大！

例子

- 誠實。
- 個性溫柔。
- 不容易記仇。
- 很守時。

- 能很快跟動物變親近。
- 不挑食。
- 切高麗菜絲的技巧超好。

三件「做得好」與三件「感謝」

每天回顧一下今天的表現，列出三件「自己做得好的事」，以及三件「值得感謝的事」。

對於生活忙碌的人來說，可能沒時間好好回顧一天的事情，甚至會覺得今天根本沒什麼做得好的事。但其實，就算是很小的成就，甚至只是比昨天好一點點都算數。試著回頭看看自己做得好的地方，並把它記錄下來吧！

「做得好」的例子

- 早上七點前起床成功。
- 和不太合得來的上司維持笑容聊天。
- 成功猜到下一站要下車的人是誰（笑）。

「感謝」的例子

- 感謝趕時間時幫忙加快速度的計程車司機。
- 感謝今天的好天氣，讓衣服曬得很乾爽。
- 感謝獨居的媽媽依然健康、過得很好。

一位我課程中的學員E給我了反饋——「想培養幽默感，首先要提高自我肯定感。」聽到這句話後，我開始試著每天寫下三件「做得好的事」和三件「值得感謝的事」。

剛開始時，我心想：「每天哪來那麼多值得紀錄的事啊！」但硬著頭皮去找的時候，卻發現了一個有趣的變化——即使遇到不順心的日子，我也開始試著從中找到值得肯定自己的地方。即使碰上倒楣事，我也會想：這可以當成幽默課的好笑素材啊！

例如，我一歲半的女兒最近進入「我自己來！」的階段，吃飯時什麼都想自己動手，結果就是會把食物灑滿地板。以前，我總是一邊嘆氣一邊擦地，心想：「又來了……每天都在擦地板……」但現在，我改變了想法：「哇，我每天這麼認真擦地，真的很棒耶！」為今天做得好的事加上一筆；「多虧她每天灑食物，我家的地板總是乾乾淨淨的！」為今天值得感謝的事也加上一筆。

每天持續各寫三件「做得好的事」與「值得感謝的事」兩週之後，我發現自己的負面情緒變少了，身邊的人也開始說我變得更開朗，這讓我深刻體會到——幽默感真的能讓人的「體質」變好！現在，我甚至開始感謝女兒的灑飯行為了（笑）。

「做得好」真的可以是超簡單的小事。像是平常要按三次鬧鐘才起得來，今天一次就成功了；煎太陽蛋時，蛋黃剛好落在正中央；垃圾袋塞得剛剛好，完美封口；今天順利地解放了一坨超完美的大便（笑）。吃得好、睡得好、腸胃順，這些對「幽默體質」來說，都是超級重要的！

想成爲什麼樣的自己？

想像一下——當你變得更有幽默感後，會過上什麼樣的生活呢？

例子

- 和朋友、家人、同事開心拌嘴，笑聲不斷。
- 能夠巧妙化解緊張的場合，讓氣氛變得更輕鬆。
- 即使是初次見面，也能用笑聲迅速拉近距離。

- **即使面對不擅長應付的人，也不會讓氣氛變僵。**
- **遇到挫折時，能輕鬆地說：「算啦～沒差！」。**
- **幽默帶來好人緣，事業蒸蒸日上！皆大歡喜。**

成功回答以上幾個問題了嗎？第一個問題：「我喜歡自己的哪裡？」回顧當下；「三件『做得好』與三件『感謝』的事」幫助自己整理過去；最後一個「想成為什麼樣的自己」則讓自己放眼未來。**當你可以更自然而順暢地回答這些正向的問題，你的自我肯定感也會跟著提升。**

這第2章中，介紹了透過放鬆身體與臉部，提升自信，進而讓自己進入「愉快模式」。就算你還沒有明顯的感覺也不要太過擔憂，只要確實行動，你已經在培養幽默體質的路上邁進了。下一章，我們將從「愉快的人」進階到「會享受每件事的人」。放輕鬆，準備好繼續前進吧！

第3章 讓幽默變成習慣

上一章我們透過放鬆身體、臉部和心靈，達成讓自己更加愉快的目標。當暖身階段結束後，接下來將進入磨練幽默感的下一步。

發現隱藏在生活中幽默感的第一步，是認為幽默很重要，並且開始有意識地去察覺。幽默感其實就是能夠感受到「有趣」的感覺。即使做同樣的事情，有些人會覺得很有趣，有些人則會覺得無聊，甚至有些人可能什麼感覺都沒有。相信大家都希望自己能過上更多充滿樂趣的生活吧！

不過，想在一天之內變成一個有幽默感的人是不可能的。首先，我們要養成一個能享受幽默的習慣。

本章會從「笑」、「收集」、「玩樂」三個關鍵詞，探討如何實踐幽默感習慣。

1 笑

心靈的安寧從笑容開始
Peace begins with a smile.

德蕾莎修女

培養幽默感習慣最重要的就是笑容。很多人可能覺得，笑容是為了別人，而其實，這其實是讓自己感到愉快的最簡單方式。

我記得在我還是高中生的時候，祖母曾經告訴我：

「別總是擺著一張臭臉，笑一笑看。笑的時候，嘴巴就像碟子一樣張開，幸福會進來，但如果你皺著眉頭，碟子就會翻過來，幸福就進不來。」

當時的我很叛逆，覺得這些話不科學，也不相信。

但現在回想，我才發現這是真的，祖母說的是對的。

有研究發現，當你把鉛筆豎著咬在嘴裡（像叼著香菸一樣）和橫著咬住（像在微笑的時候）相比，後者的實驗組普遍覺得事情更有趣、心情更愉快（研究出自德國心理學家弗里茨・斯特拉克、里奧納多・馬丁和薩比娜・斯特彭）。

當臉部肌肉活動時，大腦其實會被「欺騙」，進而產生與自然微笑時相同的效果。換句話說，即使看同樣的東西，帶著笑容去看，感受會比沒有表情時來得更趣。

這個發現是不是很神奇？既然只要動動嘴角就能讓自己開心，那麼多笑一笑，當然是最簡單又划算的選擇！

笑到肌肉痠痛!?

自從知道帶著笑容看事物能讓自己開心之後，我開始把握所有空檔練習笑容。不管是等車時、走路時、煮飯時，甚至在家用電腦時，都會刻意讓嘴角上揚。一天大概練了五十次吧？雖然我沒辦法持續跑馬拉松或做仰臥起坐，但如果只是練習微笑，門檻低得多。剛開始時，臉頰甚至會痠痛，這才發現自己平常根本沒什麼在動嘴角！

但持續練下去後，神奇的事發生了——心情竟然越來越輕鬆，煩躁的時候也變少了。有一次，兒子語帶諷刺地對我說：「你怎麼每次都犯一樣的錯啊？」本來想要回嘴：「你這是什麼態度啊！」但先擠出一個微笑後，最後脫口而出的竟是：「哎呀，還好你比較像你爸，聰明多了，哈哈。」

以前只要兒子說話帶刺，我總會立刻反擊，結果導致我們經常吵得不可開交。但當微笑變成習慣後，我開始能用更冷靜的語氣回應。

以前一來一往，吵得不可開交，但現在透過微笑，讓自己多一秒緩衝，不再被情緒牽著走。當我的態度改變後，兒子的反應也跟著有所改變，甚至開始跟我分享他在學校發生的事情，這在過去可是從來沒有過的呢！

有一次，我去了一家許久沒去的髮廊，設計師對我說：「你的表情變得好溫和喔！」我感到挺驚訝，原來我以前給人的感覺是神經緊繃的樣子。最近甚至有陌生人突然對我說：「你的笑容好棒！」還有在聽演講時，講師特地向我道謝，說因為我的笑容，讓他講起來更輕鬆。我一開始刻意練習的笑容，到現在已經變成發自內心的自然笑容了。

據說，小朋友一天會笑300到400次，但根據二〇一七年「好牙齒與笑容意識調查」（由Mondelez Japan針對二十到五十歲的600位男女進行），成人平均一天只笑11．3次。其中二十多歲平均笑15次，五十多歲則只剩7次。

這個數字是不是少得驚人？你今天笑了幾次呢？

假裝，直到成真。

Fake it until you make it.

我們就從「裝笑」開始吧！

笑容的關鍵在於——臉部左右對稱，且眼睛和嘴巴都在笑。真正的笑會讓眼角產生細紋，而那種為了應付客人的「假笑」，通常只有嘴角上揚，眼神卻沒有笑意。

想讓別人笑，自己得先笑起來！笑容，是打造「幽默體質」的重要關鍵。用最輕鬆的方式，讓自己變得更快樂吧！接下來，我要介紹幾個微笑訓練法，讓你從今天開始，擁有更自然、更迷人的笑容！

Happy Lucky Me

「好開心～」「好快樂～」「幸福、幸運，就是我！」試著多說一些能讓嘴角上揚的正向詞語吧！「Happy Lucky Me」就是「幸福又幸運的我」。當然，也可以換成「茱莉～！」或「阿美～！」之類的名字。

重點是，眼睛也要一起笑！

如果是在不方便發出聲音的場合，像我一樣只抬起嘴角也是可以的。試著回想喜歡的歌手、可愛的寵物，或是讓你開心的回憶來練習笑容吧！保證臉頰會笑到瘦呢（笑）。

照鏡子檢查笑容

可以在房間裡多擺幾面鏡子，隨時檢查自己的笑容。聽說東京帝國飯店的電話接線生，為了確保「用明亮、有朝氣的笑容接聽每一通電話」，都會在電話前放一面鏡子。接電話前，他們會先確認嘴角是否上揚、眼神是否帶笑。演講或簡報時，開場的第一句話很關鍵，而在電話中，由於對方只能透過聲音感受你的情緒，所以語氣和表達方式就更重要了。有位接線生曾經說，因為養成了笑容的習慣，不僅在工作上更有自信，甚至連朋友都說：「你變得開朗了耶！」

各位在檢查妝容之前，不妨多照鏡子檢查自己的笑容吧！

對著鏡子稱讚自己

當你可以對著鏡子自然微笑後，試試用自己最想聽到的話來誇獎自己也是個不錯的方法。

「哇，真可愛！」「今天的造型很讚喔！」「你真的很努力耶！」「不愧是〇〇（自己的名字）！」老王賣瓜到最後，可能會覺得有點搞笑，結果反而笑得更開心！這不只是訓練笑容，同時也能幫助自己學會稱讚別人。

甚至，如果你能一邊演「哪有啦～」的害羞戲碼，那代表你的幽默感也在線喔！

我的幽默溝通課程裡有位四十多歲、在外商公司工作的K女士，就親身體驗到了笑容的威力。她以前明明沒有生氣，卻常常被同事問：「妳怎麼一副在生氣的樣子？」她在聽完我的「笑到肌肉痠痛」故事後，決定開始練習笑容。不僅在課堂上練，在家裡沒事的時候也練，甚至心情不怎麼樣的時候也強迫自己笑。

有一天，她在超市結帳時，突然覺得有個氣質溫柔的女子對她微笑，讓她心裡一陣溫暖。「這該不會是我的笑容練習產生的好效果吧？」她滿心歡喜地抬頭看，結果發現那是鏡子裡的自己（笑）。她開心地分享這個故事，臉上帶著滿滿笑意。

持續練習笑容後，臉部的表情肌會逐漸鍛鍊起來，變成一種「記憶型笑容」，心情也會跟著變輕鬆。K女士因為笑容變多，不僅心態變得更積極，還開始挑戰以前不敢嘗試的事情。

很多人說，微笑能讓人留下好印象、變得更親切，這些當然沒錯。

但是我更想強調的是——**笑容能讓自己更有活力！**而且，笑容是一種隨時隨地都能做、不需要任何成本，卻能帶來巨大回報的行動！只要稍微抬起嘴角，就能立刻感受到幸福。請各位試著感受微笑的力量吧！

當你的笑容已經變得自然，接下來的挑戰就是——練習「笑出聲音」！是的，難度稍微提升了（笑）。接下來，我會告訴你，就算沒有有趣的事情，也能練習開懷大笑的方法！

大笑瑜伽

大家都知道「笑」對身體有益，但對於成年人來說，能放聲大笑的機會其實不多。甚至有些人，可能也只有在看綜藝節目時才會笑出聲來。

這裡要介紹的是一種即使沒有有趣的事情也能笑出來的體操——大笑瑜伽。這套方法是由印度孟買的醫師馬丹•卡塔利亞在一九九五年創立，結合了「笑的體操」與「瑜伽呼吸法」。當初只有五個人參與，但如今已經擴展到全球一百多個國家。

大腦其實分不出，我們究竟是因為好笑而笑，還是單純是為了練笑容的體操而笑，因此，兩者對健康的效果是相同的。透過笑聲，我們能讓身體自然吸入大量氧氣，使身心都感到清新舒暢，進而提升健康與活力。一開始雖然只是當作體操來笑，但當一群人聚在一起時，笑聲會傳染，最後就會變成真正的歡笑。

最好的方式是參加大笑瑜伽俱樂部，和大家一起笑。如果有興趣，可以試著搜尋看看離自己最近的俱樂部。當然，自己一個人也能練習，這裡介紹三種我特別喜歡的笑聲瑜伽練習方法：

◎Namaste笑

「Namaste」是印度的問候方式。Namaste笑就是雙手合十，正面朝向對方，然後一邊鞠躬，一邊用「哈哈哈哈」的大笑來代替「Namaste」。

◎手機笑

拿起手機放在耳邊，假裝對方說了什麼好笑的事情，然後開懷大笑。

◎歡笑乳霜

想像有一種只要塗上就會讓人忍不住大笑的神奇乳霜。邊想像邊把它塗在臉上、頭上、身體上，然後盡情大笑！

或許你會覺得，沒什麼好笑的事情，硬要笑感覺很奇怪。但不妨試試看，先從「哈哈哈哈」這樣呼氣的方式開始，就像是在做發聲練習一樣。當你漸漸習慣後，可以縮短「哈」與「哈」之間的間隔，讓笑聲變得更自然、更連貫。網路上有許多大笑瑜伽的教學影片，也可以參考看看，幫助自己更快進入狀態。

笑的感染力

在大笑瑜伽的團體課程中，總會有幾個人真的笑出來，而其他人看到後也會忍不住跟著笑。笑是一種極具感染力的行為，有時候光是聽到別人的笑聲，自己也會不自覺笑出來。

還記得有一次，我在美國買了一個有趣的小玩具送給我爸爸。那是一台錄音機，當時手機還沒普及，我想說爸爸的記憶力開始退化了，這台錄音機可以讓他用來記錄停車位號碼、購物清單等等。

過了一陣子，我再見到爸爸時，問他這個錄音機有沒有派上用場。爸爸說：「當然有啊！要聽聽看嗎？」說完，他立刻拿出錄音機，按下播放鍵。

結果裡面傳來的竟然是——

「哇哈哈哈哈！哇哈哈哈哈！……」

居然是他自己爽朗的大笑聲！這完全出乎我意料，讓我和兒子當場笑到不行。爸爸總是喜歡做一些出人意料的事，我不禁佩服他的創意，原來錄音機還可以這樣用。

我還記得有一次在電視上看到一個關於笑聲的實驗：受試者被告知要參加一場實驗，被安排坐在候診室等待。接著，一名陌生男子走進來，坐在他們對面，然後突然開始大笑。他完全沒有說任何話，只是一直笑。結果，原本在等的人一開始還摸不著頭緒，沒多久竟然也跟著笑了起來。而我在螢幕前看著這一切發生，最後也忍不住笑了出來。

現在網路上有許多影片，像是嬰兒大笑的片段、各種搞笑影片、甚至單純只是錄下人們笑聲的影片，如果你最近很久沒有放聲大笑，不妨找一部來看看，然後跟著一起笑吧！

2 收集幽默

如果想培養「幽默體質」，那就要讓自己經常接觸有趣的事物。每個人的幽默感都不太一樣，你覺得有趣的東西，通常是哪一類的呢？

這裡有一個簡單的方法，就是開始「收集幽默」。即使過去曾經看過或聽過一些有趣的事情，你可能從來沒有特別把它們整理、收集起來。現在不妨試試看，像收藏珍寶一樣，把那些讓你覺得幽默、有趣的東西記錄下來，讓你的「幽默資料庫」越來越豐富！

幽默小物

我住在美國的時候，有一次收到一位駐美日本人送的伴手禮——哆啦A夢銅鑼燒造型的吊飾。這個吊飾外面有個拉鍊，打開後，裡面會蹦出一個哆啦A夢。而且，按壓銅鑼燒的中間，它還會播放語音：「今日運勢……大吉！邦邦邦邦——！」，或是：「今日運勢……大凶！嗚喔嗚喔嗚喔——」當然，如果抽到「大凶」，一定會再按一次重來（笑）。

這類充滿玩心的小物，能讓人從嚴肅的情緒中跳脫出來。在我的幽默溝通課程裡，每個人都會收到一個紅色小丑鼻子。有些人說，當他們在公司感到疲憊或生氣時，打開抽屜看到這顆紅鼻子，就會覺得心情放鬆不少。還有人說，回家後會把它當作指偶來自言自語，讓自己開心一下。

你也可以試試找些會讓你不自覺微笑的小東西。像是可愛的絨毛娃娃、趣味鑰匙圈、搞怪眼鏡，或是帶有幽默感的卡片……這類小玩意，就算毫無實用價

筆者收藏的幽默小物

值，卻能帶來快樂，在百元商店或雜貨店裡就能找到。如果把幽默小物掛在包包上、擺在辦公桌上，說不定還能成為開啟話題的契機呢！

幽默照片

現在幾乎人手一台智慧型手機，隨時可以拍照。

我們經常看到人們拍攝美食、美麗風景，或是日常生活的點滴。

但如果你想培養幽默感，不妨試試拍攝「幽默照片」！

有趣的招牌、奇特的形狀、意外的對比……只要讓你覺得有趣的畫面，都可以拍下來。**這不僅能幫助你發現生活中的幽默，也能改變你看世界的角度。**

例如，可以給自己一個小挑戰，每天至少拍一張幽默照片，然後上傳到社群媒體或社群平台。不知不覺間，你的幽默照片收藏就會慢慢累積起來喔！

（紅組獲勝！萬歲——！）

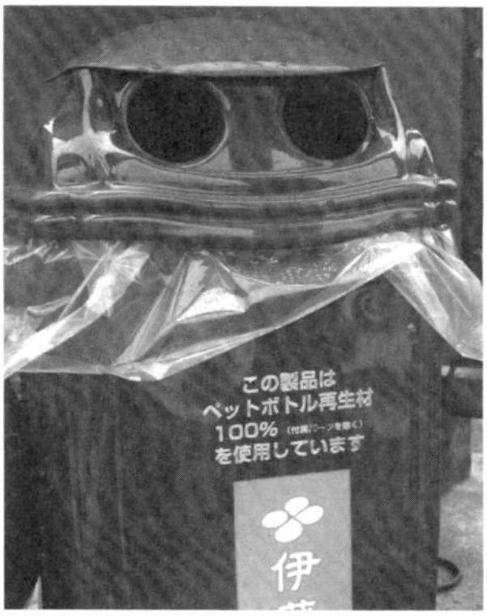

（下雨敲冷嗟～）

（這就是所謂的蘿蔔腿!?）

（國外的告示也太有臨場感了吧）

幽默日記

當你看到、聽到、讀到有趣的事，或者朋友講了個讓你笑翻的笑話，別讓它輕易溜走了。可以試著記錄下來，做一本「幽默日記」。

舉例來說，你可能在開車時，無意間聽到電台的大喜利（即興搞笑問答），或是聽到某段落語、俳句、惡搞改編歌曲，甚至只是某個簡短的笑話，這些都能讓你會心一笑。

然而，如果不馬上寫下來，很容易忘記自己當時到底在笑什麼。

說到讓我笑到不行的改編歌曲，最經典的就是有人把中島美雪的名曲〈地上的星星〉，改成了〈日常的糗事〉——

「♪戴上的眼鏡呢～買好的豆腐呢～全都不見了～怎麼回想都找不到～」

這首歌一出來，記性越來越差的長輩們（當然包括我）都笑翻了。

有一次，我在報紙上看到一則有趣的新聞：

在第90屆選拔高校棒球大賽的開幕典禮上，慶應高校的隊伍舉著學校名的牌子。但「慶應」的「應」字，左邊的那一個點竟然掉了！這其實是製作單位的失誤，不過隊上的外野手卻說「被拿走的『點』（日文的『點』意思為分數），就靠我們自己拿回來吧！」

哇～這是多麼積極又正能量的回應啊！

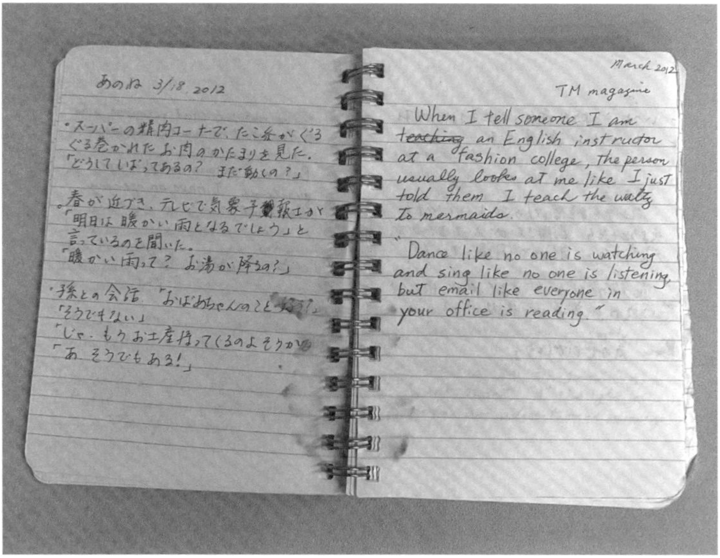

我的媽媽在社區中心學習謠曲（一種日本傳統歌曲）。有一天，她練習完準備離開時，門口的接待員是一位大約六十歲的女士，忽然對她說了一句話，語氣還特別讚嘆：

「哇～肚子……出來了呢！」

（欸!?這也太失禮了吧!?）

但媽媽只是笑了笑，摸著自己的肚子說：

「對啊，我就是太愛吃甜食了～」

結果，那位接待員愣了一下，接著大笑起來：「哎呀，不是啦！我是說您的『聲音是從肚子發出來的』！」

然後她自己也摸著肚子，笑著說：

「要是講肚子的話，我這個更大呢！」

媽媽回家後，把這件事講給我們聽，邊說還邊笑得上氣不接下氣。已經很久沒看到她笑得這麼開心了，我們聽完也全都忍不住笑了起來。像這樣的趣事，記錄下來就能成為一段珍貴的回憶。我們每次翻開幽默日記，還是會笑到不行。

說到這裡，給各位猜猜讓我爸媽大笑不已的幽默謎題——

「My father is my mother.」

你猜，這句話是什麼意思？（答案：我的爸爸很「任性」）

＊譯者註：「任性」（Wagamama）與日文中「我家媽媽／我的媽媽」（Wa ga mama）的發音相似。

幽默比喻

即使不是會讓人笑到肚子痛的內容，只要覺得有趣的事，都可以記錄下來。

其中，比喻表現特別值得推薦。

我常去的一家二手商店裡，有位店員K的比喻表達方式總是讓我佩服不已。

像是當她看到一件設計喜歡但尺寸太小的衣服時，她會說：「這麼小的衣服，內臟拿掉才穿得下吧！」或者，她形容一位總是挑選低調顏色衣服的主婦M：「M小姐選衣服的標準，就是不讓全世界對她有意見呢！」

每次跟K聊天都會笑聲不斷，讓人心情愉快。

專門研究「幽默學」的神奈川大學教授大島希巳江，在二〇〇六年針對某保險公司的四百位業務員進行調查，結果顯示幽默感較強的人，業績通常比較好。

然而，意外的是「在訪問那些幽默感強的人時，第一印象完全不是個有趣的人，反而看起來很普通，甚至顯得誠懇踏實。」

但深入交談後，他們有個共同特點：「表達能力豐富且精煉，並且經常使用獨特的比喻。」

幽默感其實就是從意想不到的角度來看事物，所以這些人擅長使用獨特比喻也就不奇怪了。我參加的健康體操課裡，老師的比喻方式也很有趣。

「慢慢蹲下去，就像坐上冰冷的馬桶一樣，一點一點來。」

「想像肚子上有顆彈珠，然後緩緩地移動它，這樣抬起腰部。」

這些生動的比喻，總是讓人忍不住會心一笑。

當你聽到有趣的表達方式，別忘了寫下來唷！

例子

- 年紀大了，「教育（kyou iku）」和「教養（kyou you）」變得很重要。也就是「今天有地方去（kyou iku）」、「今天有事（kyou you）要做」。

＊譯者註：日文中的「教育」與「今天……去」、「教養」與「今天有事（要做）」發音相近。

- 當話題越問越精彩，對方源源不絕地分享時，感覺就像挖蛤蜊時一顆接一顆冒出來，超開心！
- 吃了菠菜後，瞬間變成像大力水手卜派一樣有力！
- 「驚訝、桃樹、山椒樹，鐵皮、狸貓、留聲機！」（經典電視劇《男人真命苦》的台詞）

・心情沉重時，別說「心情好沉重（Ki ga omoi）」，改說「啊～心情像地瓜（Ki ga oimo）一樣」，或許能讓自己輕鬆一點。

＊譯者註：日文中的「沈重」與「地瓜」發音相近。

我們介紹了幽默小物、幽默照片、幽默日記、幽默比喻，各位在收集完這些之後，請試著在24小時內跟家人或朋友分享看看。

會說笑話的人，不是因為特別有趣的事總發生在他們身上，而是他們隨時打開了對幽默敏感的「幽默雷達」。只要一有趣事發生，他們就會不斷地分享給別人。因此，找到一個對幽默的口味相似的幽默朋友也是很重要的！

辛苦收集來的東西如果沒有回頭看、最後就忘了，真的很可惜。分享收集到的幽默內容，也是培養幽默體質很好的訓練。讓我們打開幽默雷達，開始收集幽默吧！

3 玩樂時間

我們不是因年老而停止玩樂，
而是因停止玩樂才會變老。
We don't stop playing because we grow old,
we grow old because we stop playing.

蕭伯納

要培養幽默體質，少不了的一項關鍵就是——玩心，也可以說是像孩子一樣的那份天真與童心。我將在這裡介紹幾種遊戲方式，幫助你重新找回小時候的那份玩心。

各位不需要全都嘗試，只要挑選幾個你覺得：「欸，這個好像滿有趣」的來玩玩看就好了。

玩暱稱遊戲

想找回童心，最簡單又有效的方式就是取「暱稱」。

在對話中用暱稱互相稱呼對方，通常都是感情比較親密的關係吧？我們可以乾脆就先營造出那樣的氛圍。在英文的幽默課堂上，大家會用英文暱稱互稱。明明一張亞洲臉，卻叫鮑伯或瑪莉琳，光這樣就已經有點滑稽了哈哈。

我爸爸的暱稱是「Don」。因為他臉小又黑，看起來就像一顆橡實。（譯者註：橡實的日文是Donguri。）他雖然看起來很嚴肅，但只要說出這個暱稱的由來，聽的人馬上就會笑出來聲來，也因為這樣，他和鄰居之間的關係總是很親近。我

特別推薦那些覺得自己不太擅長社交的人，可以試試看取這樣的暱稱。

我第一次在日本辦針對上班族的幽默研討會時，第一件事就是讓大家先幫自己取暱稱。像是Kimkim、Mo君、Yukki等等。光是在白板上寫出這些名字，整個氣氛就輕鬆起來了。大家其實都是第一次見面，但才短短兩小時後，就親密得像老同學一樣，連我自己都嚇了一跳。

不只人可以取暱稱，幫你的健身器材、腳踏車也取個暱稱，其實也是很好玩、很能養成玩心的方法喔。

身體、表情遊戲

像在第2章提過的放鬆身體的體操，如跳舞、螃蟹走、空氣吉他、百變臉操、搞怪表情……等等，這些和日常動作不太一樣的舉動，都是用身體玩樂的方式。當我們帶著玩心來活動身體，心情也會跟著變輕鬆。

我以前陪婆婆去醫院時，如果正常速度走路，她常常會跟不上，使我必須停下來等她好幾次。後來，我想到一個不錯的方法，可以用「走鋼索」的方式，後腳貼著前腳的腳跟一步一步前進，像走鋼索的走路方式。這樣速度剛剛好，不會太快。婆婆看到我那樣走，也覺得有趣。

變聲遊戲

我有個朋友，他們夫妻吵架的時候，有個特別的約定：一定要學嬰兒說話的方式講話。結果效果超好！只要一講出像「偶不要你啦～」這種奶音，就會忍不住笑出聲，吵不起來了。

透過這樣的變聲遊戲，能讓心情馬上變得輕鬆許多。你可以先試著用各種不同的聲音，如低沉憂鬱的聲音、充滿元氣的聲音、故意惡作劇的聲音、三歲小孩的聲音、貴婦口氣、或是老爺爺的聲音……等等，說「原來是這樣啊～」這句話。模仿電視劇、時代劇裡的演員，或是新聞主播的講話方式也很好玩喔。平常我們習以為常的語句，其實只要聲音改變了，說出來的心情也會完全不同。

我在教幽默溝通課程時，也有設計跟聲音有關的活動，我們會「用開心的語氣來講負面的事情」。

①先用悲傷的語氣說：「我錢包掉了……」

②然後換成超級開心的語調、滿臉笑容說：「我錢包掉了耶～～！」

這個練習的重點，是讓大家發現：只要改變聲音的方式，事情的感受和看法也會不一樣。

如果你抬頭挺胸，用正面的態度說話，情緒也會跟著好起來。

「也不錯啊」遊戲

這一段是延續「變聲遊戲」的話題。這次不只變換聲音，而是加上一句「（這樣）也不錯啊～」的轉折語，然後自己補上一個理由。

在幽默溝通課程中，我會請一位同學分享最近發生的倒楣事，然後其他人就要用誇張的語氣回應：「不錯啊！」並幫對方想一個正面理由。

比如說，有人說：「我最近胖了……」

「很不錯啊！這樣皺紋就不明顯了耶！」

「很不錯啊！去大溪地肯定超受歡迎的啦！」

又或者，對於「我沒搶到票」這種發言——

「很不錯啊！在家看反而可以更輕鬆自在地欣賞呢！」

重點在於，用正向的語氣與表情講出「不錯啊！」這句話。試著在只有自己一個人時，也先說一句：「這樣也不錯啦！」你會發現，只要改變聲音跟表情，心情真的會跟著變，想法也會變，甚至正面思維的理由也會自然冒出來。

同樣的方式，也能把自己覺得是缺點的地方，轉換成優點來看。比如說，有人覺得自己優柔寡斷，那不妨換個角度想：「這樣也不錯，我可以更仔細地思考每一件事。」

如果你真的一時想不出「（這樣）也不錯」的理由，我推薦你一本由女高中生製作的《負面轉正面辭典（ネガポ辞典，暫譯）》（主婦之友社）。這是一本查詢負面詞語，就會跳出相對應正面解釋的字典。

像我在辭典查詢我的缺點——「莽撞無計劃」，就會出現：

①積極行動派：「不會鑽牛角尖，能馬上採取行動」

②樂觀派：「不會對未來過度擔憂」

③「很重視當下的每一刻」

突然之間，反而覺得這樣還挺值得驕傲的（笑）。

這本辭典也有手機Ａｐｐ，如果你感興趣的話，不妨找來看看。

服裝遊戲

我在兒子準備國中入學考試的時期，特別注意一件事：在家裡盡量不提考試相關的話題。平時盡可能的講些無關緊要的事，讓家裡不要那麼緊張。對於平常只講正經話的我來說，這真的是一大挑戰（開玩笑啦）。畢竟我也不能幫他代考，就算可以，我自己去考也肯定會落榜。那我總得想個辦法讓他打起精神，某天我突然靈光一閃——

「對了！內褲不錯啊！」

我想到曾經有個演講比賽的冠軍說，他只要穿上紅內褲就會充滿力量。於是我馬上跑去附近的超市找，果然有！超級花俏，簡直像某國國旗的圖案。而且品牌名字還叫Champion（冠軍），聽起來就很適合！某位帥氣男演員也說，首次登台時，他的幸運內褲印有電影《大白鯊》的圖案，希望自己能「表現得像樣」〜（譯者註：大白鯊的英文Jaws＝日文中的「上手」，意即表現好）。

順帶一提，英文的內褲是「underwear」，日文的內褲（pants）用英文來說其實指的是長褲喔！

來個英文冷笑話：

「Polar bear wears underwear.（北極熊穿內褲）」

和小孩一起玩

在我兒子還在幼稚園時候，有天早上跑來找我，眼睛閃閃發亮地說——

「我以後要變成超人，用飛的去幼稚園！」

我開心的附和他：「真的嗎？太棒了啊！」

結果下一秒，他突然露出一臉哀傷的表情——

「可是我不知道幼稚園怎麼走……」

「沒關係，媽媽會坐在你背上，邊飛邊指路給你看喔！」

「啊～那就沒問題啦！」

有個機靈媽媽的兒子真的太幸福了（笑）。

孩子的想像力，常常會遠遠超越大人。如果你身邊有小小孩，請好好觀察他們，說不定會發現有趣的點子喔！我特別喜歡讀報紙上的「孩子語錄」投稿專欄，每次都超可愛又療癒。

- 孩子看到奶奶把黃瓜和茄子放進糠漬罐裡，問：「為什麼要藏起來？」
- 孩子指著被棉繩綁住的叉燒，問：「為什麼要綁？還會動嗎？」
- 躺在被棉被烘得蓬鬆暖呼呼的床上的孩子說道：「啊～暖呼呼！我好像知道飯上的梅子是什麼心情了。」
- 當我說出：「為什麼煙火會有那麼多顏色？」時，孩子回答我：「因為它想讓人開心啊。」

「如果……」的假設對話遊戲

「如果中樂透的話，你會做什麼？」

有些人買樂透，是因為光想像就很開心了吧。那我來問個問題：

「如果有人給你一萬日圓，說你可以隨便買任何東西，你會買什麼？」

我在我的英文課上也向學生問了這個問題。

我的學生露出一種「這也太少了吧」的表情，說：「一萬日圓的話……大概可以買五百克的烤牛肉吧……但只有一萬喔，一萬耶……」

不愧是主婦，她八成要買的是高級超市的烤牛肉（笑）。於是，這時候我展現了豪爽的一面（這種時候特別豪爽）：

「好啦！我就給你十萬！如果有十萬日圓的話，你又會想買什麼？」

如果是你，會想買什麼呢？各位不妨也想想看。

在等大家的回答時，我聽到另一個人這樣說：

「我會把錢放進皮夾裡，一直一直拿出來看。這樣心情會變得超開心！」全班一聽都笑翻了。這樣的問題，居然跟買樂透一樣，光想像就能讓人開心，真的很神奇。

即使每天的生活裡沒有什麼讓人爆笑的事，只要有「如果……」這種美好的想像，就足夠讓人心情變好。

我再舉一個「如果對話」的例子。

我的二兒子在準備國中考試的時候，成績一直無法突破，偏差值也離合格線有段距離。那段時間，家裡的氣氛一直很沈悶。

這時候，婆婆突然說：「聽說你想考的那間學校有設學費全免的資優生制度耶？好棒喔！如果你真的成為了資優生的話，阿嬤是不是該讓你請客買東西犒賞一下啊～」

資優生制度，指的是入學考成績優秀的人可以免學費。我原本差點脫口而出：「媽，那根本不是我們這種程度能想的啦，能僥倖考上就算萬幸了……」

結果說出口的卻是：「對耶～如果成為資優生，就一起去吃點好吃的吧！」

一直煩惱也沒用。這樣一想，心情突然就輕鬆起來了。

用想像來調劑生活，也是一種幽默。

從那之後，我們就常常玩起「如果變成資優生……」的話題。

「如果我成為資優生，我要給媽媽○○元。因為妳都陪我念書。哥哥也有○○元，因為他幫我改作文。爸爸也要給……」

他話還沒說完，我立刻插嘴：「咦？你爸爸什麼都沒做耶？」

結果兒子說：「可是爸爸每天都去公司上班啊！」

我聽了真的感動流淚，怎麼會有這麼溫柔的孩子啊，一點也不像媽媽我呢（笑）。我好想錄下來播給每天被我們欺負的爸爸聽聽。

結果，一直笑咪咪的兒子突然變得一臉哀傷，然後默默不語。

「你怎麼了？」

兒子用快哭出來的語氣說：「如果都給大家了，我自己就沒錢了啦！」

在蛋孵出來前就開始數小雞（＝別打沒到手的算盤）

Don't count your chickens before they are hatched.

好啦，大家也來玩玩看「如果對話」吧！

- 如果你可以搭乘時光機，想去哪個時代？又想做什麼事情呢？
- 如果你能和憧憬的人約會24小時，你會選誰？又想做什麼？
- 如果你能擁有一種超能力，你最想擁有什麼樣的力量呢？

當遊戲來玩

因為長男主要在家工作，所以在家事育兒方面也很積極參與。他會利用有限的時間，把做家事當成遊戲來享受。像是「泡澡水加熱期間，一個人能摺多少堆積如山的衣服選手權」或「把洗好的碗盤擺進瀝水籃內看誰擺得最美選手權」等等諸如此類的自創遊戲。

他最喜歡的遊戲，是和掃地機器人來場清掃對決。他會對機器人放話：「人類怎麼可能輸給你，還早個一百億年呢！」燃起對抗心，用壓倒性的速度和精準度把房間打掃乾淨。

即使是麻煩的事情，只要當作遊戲來玩，就能變得有趣。

比如說，在立體停車場找不到空位時，就當作「來玩找出唯一空位的遊戲」；要出門卻找不到鑰匙、眼鏡、手機等東西時，就當作在玩捉迷藏，邊找邊說：「你躲在哪裡呀～？」這樣想的話，對精神健康也比較好（笑）。

主角扮演遊戲

我在四十歲那年，有次在文化教室被其他人欺負。那位K女士比我年長一點，幾乎否定我說的每一句話。我說「今天好冷喔」，她就回「哪有，很暖啊」；我不小心講了一句英文短語，她竟然瞪著我說：「講日文啦！」

她那銳利的眼神讓我瞬間凍住。雖然學生時代曾遇過這樣的人，但成為大人後，還這樣明目張膽欺負人的，我還是第一次遇到。

但同時，彷彿有個「旁觀中的我」浮現出來，看著那個場景想：「天啊，簡直像電視劇情節一樣～」

忽然，我腦中浮現出《灰姑娘》裡那個惡毒的繼母。她那種看不起灰姑娘的語氣，跟K女士簡直一模一樣。

這麼說來……我就是「灰姑娘」!?

當下整個世界都變了。

我心想：「她這麼說，是為了讓我看起來更出色。那根本是她的角色台詞啊。」這樣一想，反而覺得她挺可憐的。

灰姑娘總是美麗又善良。她不會生氣說：「這樣太過分了吧！」也不會反駁繼母說：「妳以為這樣就可以嗎！」

我就當自己是灰姑娘（微笑）。

不管被說什麼刻薄話，我都決定以平穩、溫柔的態度去面對。神奇的是，只要把場景當作舞台、自己當成演員，心中自然就產生了餘裕。而我總是笑著與她互動，漸漸地，K女士的態度也變了。

我們開始會聊天，到後來她甚至會來跟我商量煩惱。當她叫我「瑪莎老師」時，我簡直驚到差點從椅子上摔下來（笑）。

把自己當成故事主角來玩吧！正因為有壞心的繼母，才更顯出灰姑娘的溫柔。反派只是讓主角更加閃耀的陪襯。

把自己當作故事主角來看，就能產生從容。

英文裡的「play」，不只表示「玩」，也有「演」的意思。請你也來試試看演戲的感覺吧。可以當時代劇裡的武士，也可以扮成皇室公主來表現自己。如果能想像當下的背景場景（茅屋、暴風雪中、拳擊擂台等）或替自己配上主題曲，就更容易進入角色喔。

在公公的滿七法事，我們一家八口在殯儀館舉行了追思會。掃完墓回來後，發現殯儀館裡一間約可容納三十人的房間裡，只有兩張桌子併在一起準備好餐點。寬敞得過頭的空間裡，只擺了那麼幾張桌子，讓人感覺有些冷清。

當下我心中閃過：「早知道就在老家辦就好了」的念頭，對二兒子說：「這裡太大了，有點寂寞耶。」

沒想到他卻回答：「不會啊，我反而覺得好像變成貴族了。」

聽到他的回答，我不禁笑了出來。確實，在電影裡也常看到那種場景。這讓我發現，同樣的情境，只要換個角度、換個角色看待，也能變得有趣起來。

文字遊戲

老公在我們剛結婚時，是個超認真的上班族，現在卻在我的影響下，變成了愛講冷笑話的人。

當我寫書卡關，大叫：「完全寫不出來～！」時，他竟然說：「奇怪耶，你不是平常都很會『丟臉』（譯者註：日文中『寫』和『丟臉』發音相近）嗎？」

雖然有人覺得冷笑話很無聊，但其實能聯想到同音字，是很好的腦力訓練喔。來試試下面的對話接龍吧，使用對方的台詞接回去看看你會怎麼回答：

①夏天，媽媽坐在副駕駛座看著自己的腳說：

「我也想有像加納姊妹（日本藝人）一樣漂亮的腿～」

你會怎麼回答呢？提示是「可能」。

＊譯者註：日文中「加納」與「可能」發音相同。

②老公說他膝蓋痛，太太說：

「你要減肥啦！」

這時老公會怎麼回呢？提示是「○○也該減少一點」。

①的回答：「那是『不可能』的～」

②的回答：「你話也該減少一點吧！」

妄想遊戲

通勤或等人時，不妨試著觀察周遭的人。

四十多歲的M先生，有一次搭電車看到一位女高中生正在看和他一樣的英文參考書……

「這本書真的超棒的對吧！」他對女高中生搭話。

女高中生稍微一愣，然後笑著回答：「對啊，我也覺得這本書寫得很清楚，我很喜歡。」

「我也是耶，我已經看第二遍了。」

兩人就這麼相談甚歡……以上，純屬妄想（笑）。事實上只是看到她拿著同一本書而已。在電車或餐廳中觀察來來往往的人，然後幻想對方是什麼樣的人，也是一種提升幽默感的練習喔。

這一章用「笑」、「收集」、「遊戲」這三個關鍵字，介紹了讓幽默變成日常習慣的方法。習慣就是長期反覆做某件事，最後變成自然的行為模式。

如果幽默感也能變成習慣，感覺就會變得很令人興奮、充滿期待呢！

試著幻想一下自己變得充滿幽默感，和周遭的人自然地快樂相處的模樣吧。

一點一滴地反覆練習「笑」、「收集」、「遊戲」，我們就能一步步朝幽默體質邁進喔！

第4章

來吧，開啟幽默式溝通

當你已經養成了幽默的習慣，接下來就是把它活用在「溝通」上囉！就像在扇子上印上「幽默」二字，今年夏天肯定又會熱到用上它啦～！

如果你正一邊想像我的「幽默扇子」，嘴角一邊忍不住笑，那表示你的幽默感已經在潛移默化中被磨練起來了，玩心也相當充足呢！

在幽默溝通中，除了玩心之外，還有一樣很重要的元素，那就是**「待客之心」**。也就是「想讓對方開心」

的**那份將心比心**。要想逗人開心，並不一定非得靠講笑話。有時只要認真傾聽對方的話，也能讓對方放鬆下來，露出笑容。

這一章，我將會介紹在幽默溝通中很重要的三個關鍵：「認真傾聽」、「懂得讚美」以及「即時回應」。

1 認真傾聽

你聽過「積極聆聽」（Active Listening）這個詞嗎？根據這個領域的權威澤村直樹先生的說法，**積極聆聽的重點不只是「聽」，而是讓對方感受到：「我在被接納」、「我的存在被尊重了」，因此要用耳朵、眼睛、甚至心去傾聽。**

我自己在接受積極聆聽的訓練前，其實完全沒意識到「聽的方式」有多重要。以前我覺得表達能力需要練習沒錯，但聽話這件事自己應該做得不錯吧……結果事實並非如此。

說來有點不好意思，以前溝通不順利時，我總覺得是對方的問題。

但開始訓練後，我才發現，自己看似有在聽，其實心裡只是在等機會接話，腦中早就開始準備下一句要說什麼了。當我發現這點時真的是有點震驚，但這似乎也是很多人容易犯的錯誤。

說話的反義詞，不是聽話；而是等待。

The opposite of talking is not listening.
The opposite of talking is waiting.

法蘭・雷波維茲

從那時起，我開始有意識地「用心傾聽」。而這樣的改變，也帶來了許多意想不到的好處。比方說，原本跟初次見面的人聊沒幾句就冷場，現在卻能談上一、兩個小時。也常常有人對我說：「本來沒打算講這麼多的……」**其實比起**

「會講話」的人，人們更願意跟「對自己的話有興趣」的人說話。這樣的對話，才真正讓人感到開心。

讓我深刻體會到「傾聽的力量」，是因為我丈夫的母親——她一個人住，每次我們去看她時，一開始聲音都很虛弱，說話有氣無力。但只要我一邊聽她說話，一邊真心回應，她的聲音就漸漸有力起來，眼神也開始閃亮，整個人都活了過來。我們要離開時，她整個像換了一個人，甚至還一起大笑。那是我第一次這麼強烈地感受到「聽」，可以帶給人力量。

若想成為幽默溝通的達人，首先就從成為一位「溫暖的聽眾」開始吧。

接著，再成為一位「有趣的聽眾」、能讓對方變得更有趣的那個人。

「關心」與「欽佩」很重要

有一次，我爸爸（八十二歲）的六位同學來家裡探望他。我一邊端菜、收拾餐盤，一邊和他們話家常。這時，S先生突然對我說：「聽說你有在開幽默溝通課程喔？」我便開始講起課程的內容，沒想到他居然非常感興趣，整個人甚至從沙發上前傾身體仔細聽我說。

他一邊點頭、一邊說：「原來如此啊～」臉上露出十分欽佩的表情。能有人對我做的事「有興趣」還進一步「感到佩服」，真的是件讓人開心極了的事。老實說，如果我是看護人員，而這些人是我負責的對象，我大概會毫不猶豫地把最多時間花在S先生身上，好好照顧他（笑）。

找到對方喜歡的事

想打開對方的心，找出對方感興趣的事是個很好的切入點。

英語教材製作人石渡淳元先生，就分享過他當家教時的一段經歷——

大學時期，我曾經接下一份家教工作，教的是一位個性獨特的國中生。

根據他父母的說法，這孩子雖然還是有去學校，但完全沒有朋友，放學後就立刻回家，把自己關在房間裡不出來。

他們跟我說：「老師，不用勉強他唸書也沒關係。如果他真的不想學的話，就把您當作大哥哥一樣，跟他培養感情就好。」

讓我實在好奇這到底是個什麼樣的小孩啊？我懷著這份好奇與緊張，迎來第一天的家教。第一次見面的時候，他完全不說話，也不肯看我一眼。我實在不知道該怎麼辦，只好環顧一下他的書房，這時我注意到書架上整整齊齊擺滿了《格鬥金肉人》的漫畫。我忍不住問了一句：「你喜歡金肉人喔？」就在那一瞬間，我感覺他的表情稍微變柔和了一點。那天的課，我只說了那麼一句話而已。他就這樣坐在稍遠的地方，目光發呆地看著書架和牆壁，一堂課就這樣結束了。最後他甚至連一句「嗯」都沒說。

拿了錢卻只是待坐著發呆……

這樣不行啦！怎麼想都不對勁！我這麼一想，隔天立刻開始從第一集開始狂看《格鬥金肉人》的漫畫。雖然一開始只是想多了解他的心情，但沒想到一看就停不下來。原本還覺得只是小孩子看的漫畫，結果連我這個大學生也看得津津有味。

看著看著，我開始對主要角色產生親切感。我開始試著用一些在他看來應該還很「菜」的感想，來跟他搭話。

「這個超人好像比羅賓假面還厲害欸！」

「這一幕的金肉人，表情真的很好笑耶！」

一段時間後，他開始慢慢地會回我「嗯」「是啊」，還會補充說：「現在看起來好像是這樣，但其實接下來啊……」漸漸地這位國中生開始會跟我對話，臉上也出現了笑容。

最後證明，尊重他爸媽「希望先跟他建立關係」要求的決定是對的。隨著我們聊《格鬥金肉人》聊得越發起勁，他也願意漸漸開始跟著我一起學習。課業的事是我教他，漫畫的事換他當我的老師。

石渡先生帶這位學生從國二到國三。一開始，因為成績太差，導師也不看好他升學，但最後他竟然考上了原本被說絕對不可能考上的私立高中，家人與他本人都感到十分開心。

發現並尊重對方在乎的事，便能使對方感到安心，也更願意向你敞開心扉、也能更進一步打開話匣。

把對方珍視某項事物的感受，當成自己的事一樣重視，這就是傾聽最基本的出發點。

別猶豫，勇敢發問

如果想找出對方擅長或熱愛的事物，並以尊重的態度帶入對話，讓聊天更順暢，「懂得提問」就是其中的關鍵。

以前我兒子住院的時候，同病房裡有位六十五歲，非常親切的齋藤先生。我一說我是從橫濱來的，他就聊起了他在東京奧運時當挖土機司機的經歷。

這可是我人生第一次和挖土機司機聊天耶！

「您當初怎麼會想開挖土機的呀？」

「挖土機的駕照是怎麼考的呢？」

「在吊起大型機具的時候，不會覺得很可怕嗎？」

我就把心裡好奇的、不懂的地方一股腦地問了出來。聊著聊著，話題從工作轉到了家庭。他說到繼承家業的弟媳、當了自衛隊員的兒子，還有最近剛上小學的孫子。

一不小心，我們就聊了一個多小時，感覺都快能畫出齋藤家的家譜了（笑）。

現在回想起來，應該是因為我願意聽他講那些他熟悉的事，他才慢慢安心，開始向我敞開心房吧。

一開始幾乎不看我一眼的齋藤先生，最後竟然能對著我笑著、直視著跟我聊天。當你對對方的事情感興趣，勇敢地提出問題時，彼此的距離，真的可以拉得這麼近。

曾經很內向的我，過去總是害怕暴露自己的無知，所以不敢提問。

「問這種問題會不會被笑？」

「問人家私事是不是不太禮貌？」

這些想法常常在腦海中打轉，讓我遲遲開不了口。而這樣的想法，在我在美國留學期間產生了變化。在美國的課堂上，哪怕是「這種小問題也要問？」的內容，大家還是會很自然地舉手發問。漸漸地我意識到，如果不發問，反而會被認為對對方講的內容不感興趣。

在日本的學校裡，我們習慣被動地聽講，就算老師最後問「有沒有問題？」幾乎也沒人會舉手。但在美國，我常常聽到一句話就是：

「There is no such thing as a stupid question.（在這世界上並不存在著所謂愚蠢的問題）」

因為美國是一個多元民族的國家，生活在這裡的人們有著不同的生活習慣和文化背景，因此大家習慣主動提問，透過交流來理解彼此。

澤村直樹先生也曾說過：「日本一直以來都講求『以心傳心』的文化，重視心靈上的連結，因此大家不太會說多餘的話。但在現今這個全球化、多元化的時代，**若想理解與自己價值觀不同的人，就非得開口溝通不可。**」

當我們想更深入認識對方時，心中自然會浮現一些不太懂的地方。在我向初次見的面的人提出的問題裡，有些也許真的很幼稚，但是直到現在，我還沒遇過有人因為我詢問他擅長的事而覺得不高興。**只要是帶著真誠的好奇心和尊重的態度去請教對方，就勇敢開口問吧。**就連聽不懂的詞彙，也別裝作懂，因為裝懂只會讓自己的反應變得模糊，表情也不自然，結果反而讓對話難以繼續下去。

眼神交流就是愛的交流

我現在能夠說——談話的起點，從「看著對方的眼睛」開始。但以前的我其實非常不擅長眼神接觸，尤其是對男性，遇到外國人就更緊張。

在美國大學，第一次和我講話的男生叫麥可，一頭捲髮、一雙藍眼睛，簡直像從希臘神話裡走出來的人。他一直盯著我看，我說話的時候心跳加速到不行。

「他該不會是喜歡我吧？」

結果完全是我自己想太多。美國人跟任何人講話時，習慣就是會直視對方的眼睛。就像我們日本人在道謝時會不自覺地鞠躬一樣，對美國人來說，「看著對方的眼睛說話」就是天經地義的基本禮儀。有一次我坐在車子的後座，美國朋友開車時還一直回頭看我，我緊張到不行，只想大喊：

「拜託你眼睛看前面啦！」

還有一位我認識的日本女性，有次低著頭聽一位美國家庭主婦講話，結果那位主婦超生氣地說：

「到底是怎樣啦！你一句話都沒看我耶！」

平常很溫和的她突然發怒，讓我嚇了一大跳。後來她告訴我，在美國，如果對方講話時你不看他，可能代表兩件事：第一是你有事在隱瞞；第二是你對他說的話根本不感興趣。

有次我看到一位美國媽媽在罵小孩時說：「看著我，我是在跟你說話喔！」我也覺得十分驚訝，因為如果是日本媽媽，孩子挨罵時敢直視她，可能會被吼：「瞪什麼瞪！」

在日本人的對話裡，眼神交流本來就沒那麼強烈，但就算如此，完全不對眼的對話，還是很難愉快進行。若你也不太習慣眼神交流，可以從公開場合的聽講開始練習，試著盯著台上的講者看。慢慢習慣之後，再試著在熟人或你信任的人說話時，用眼神對他表達關注，記得再加上笑容喔！

就算是家人，只要加點眼神交流，關係也會變得更親近。

我記得，有一次我跟老公講話時，他原本還低著頭看報紙，心不在焉地回了句「喔～」讓我有點失落。

但某天晚上，他剛從公司上完一堂溝通課回來。我一講話，他立刻把報紙放下，轉頭看著我，靜靜地聽我說話。他的眼神還帶著笑意。

那一瞬間的感動，我到現在都還深刻的記得。

僅僅是被笑著看著，就讓我整顆心都亮了起來。

有人說夫妻相處久了，對方就會成為像空氣一樣的存在。但在那一刻，我能深刻感受到自己不是空氣，而是這個人的老婆！眼神交流，真的是一種愛的交流呢。

用眼睛和耳朵一起聽對方說話

美國心理學家艾伯特・梅拉賓的研究指出，當對方表達得比較模糊時，**人們往往會比起「語言訊息（verbal）」，更依賴「非語言訊息（non-verbal）」來解讀對方的意思**。因此，觀察對方用什麼表情說話，其實非常重要。如果在對話中對方眼神閃閃發亮，那就是他很想聊的話題；反之，如果對方臉色黯淡下來，可能就是有些難以啟齒的話題。

當我們帶著好奇心，用眼睛和耳朵認真去傾聽，試著理解對方重視的是什麼時，就有機會聽到只有他才能說出的獨特故事。

我來分享一位參加幽默溝通課程的M小姐的例子。她高中時在戲劇社中負責音效。國中時M小姐參加廣播社，度過了一段非常充實的時光，高中則因為戲劇社人手不足，被周圍的人拜託而加入幫忙。當她分享這段經歷時，課程的其他學員就開始問起與戲劇相關的問題，例如排練方式、劇情內容等等。

聽著他們的問答，我靈機一動，問了一句：「那妳一開始為什麼會負責音效呢？」就在這時，M小姐的神情變了。

「加上音樂後，整齣戲的氛圍會完全不一樣喔！」她興奮了起來。

「像《阿拉丁》裡坐飛毯的那幕，就是因為有〈A Whole New World〉這首歌，才會那麼感動啊！」她的眼睛閃閃發亮，大家也都被吸引住了。

只要注意對方的說話方式，其實從表情、語氣，甚至細節裡都能找出許多線索。她並沒有透露出「其實我本來想演戲，卻被分到負責音效」那種遺憾的感覺，反而讓我猜想她其實對音效更感興趣，結果果然沒錯！

我在和這麼多人對談、提問的過程中，最深的感觸就是——每個人其實都擁有值得分享的精彩故事。只是，大多數人並不會自己主動開口說。所以當有人願意問，他們就會像某首歌中：「♪真的欲罷不能～」一樣。說話的人講得開心，聽的人也聽得入迷。想讓對話雙方都愉快，就試著用「眼睛去聽」吧！

開口第一句，先接住對方的話

傾聽的基本原則中，最有效的就是——「開口第一句要先接住對方的話」。

「今天真累！」「我才累炸啦！」

「這幅畫好美喔。」「哪裡美？根本像小朋友亂畫的吧！」

你是否也曾聽過，或者說過這樣的話呢？

有些人習慣性地用否定的方式回應對方，即使對方是帶著喜悅想分享自己的發現，也會被一句「這還用說嗎」給澆了冷水。但請試著想一想：被否定的時候，有誰會對說話的那個人留下好印象呢？當對方開心地分享某件事時，請先接住對方的心情吧。

開口的第一句話，從認同對方開始，像是「真的耶」、「是這樣喔」、「原來如此」等等，這些簡單的認同句，就能讓對話氣氛柔和下來。

我兒子讀高中的時候，有段時間一回家就會抱怨老師。

他說話語氣很衝，也導致我下意識地回說：「不可以用這種語氣說話喔」「你該不會根本沒聽懂老師在說什麼吧？」結果每次對話都演變成一場爭吵。當時我以為自己是在給有建設性的建議，但最後卻只換來口角。

這讓我開始反省，並決定試著先接住兒子的情緒。

「原來是這樣啊，難怪你會這麼不高興。」

說完這句話後，兒子的怒氣瞬間緩和了下來。因為我第一句話接住了他的情緒，接下來我們就能冷靜地對話。而也因為我在一開始選擇接納他的想法，兒子也變得開始願意聽我說的話了。有些人很認真，就算在日常對話中，也會立刻想糾正不符合自己想法或事實的話；有時甚至誤以為對方是在尋求意見，急著給建議。但**如果對話的目的是「和對方一起享受當下的時光」，那麼小細節就不是需要拘泥的重點了，對吧？**

根據深層心理學的研究顯示，男性特別容易對「共感式對話」產生抗拒。他們常認為直接認同對方的話太幼稚，或者只回一句「是啊」會顯得敷衍，因此會不自覺就想插話、想分享自己的觀點。當然，如果對方是真的在尋求建議，那你儘管放心提出自己的想法沒問題。但如果對方只是希望有人懂他、想被認同感受，那麼這時候更重要的，是先走進他的情緒裡，陪他一起待一會兒。

如果你總覺得和人聊天容易變得火藥味十足，說不定是因為你太常說「但是」這個詞了。「但是」這個詞，本身就帶有否定的意味。

「但是那是因為……」「可是也有另外一種情況啊……」一連串的「但是、但是、但是」，容易讓對方講話講到一半就會覺得心灰意冷。

人通常在被否定時，容易產生想要反駁的心理。

「是啦，但那是因為……」你是否也有過這樣忍不住辯解，最後吵起來，或者感受到對方根本無法理解自己而乾脆沉默的經驗呢？

傾聽者吧！

請從現在開始試試看，試著在第一句話中「先接住對方」，成為一個溫暖的

表情和反應要誇張一點

有一次我在想：「為什麼跟美國朋友黛博拉聊天，總覺得那麼開心呢？」後來發現，原因之一就是她的表情和反應非常豐富。**要營造輕鬆愉快的聊天氣氛，表情跟動作的變化真的很重要。**如果聽的一方太認真地用嚴肅的表情聽對方講話，反而會讓說話的一方感到壓力。所以不要只用表情，可以嘗試用全身心表現出「我覺得這話題好有趣」的樣子，對方自然也會越講越投入。

只要你覺得對方講的內容有一點意思，就勇敢地表現出「哇！這好有趣喔！」的神情或肢體語言吧！一開始可以先當作練習，像是「真的假的？」「太厲害了！」「你做到了耶！」這類比較誇張的反應，都可以試試看。

就算只是「裝出來」的也沒關係。也許對方會說「你今天怎麼這麼奇怪啦～」但大部分人其實都很享受被重視、被關注的感覺。慢慢地，這些反應就會變成你自然的表現。我也在我的課程上發現，就算你做出一些自己覺得「太浮誇」的反應，在別人眼裡，其實只不過是恰好而已。

愉快對話的基本就是「笑容」，但如果從頭笑到尾，那也會太平淡。最重要的，是用表情去貼近對方的心情，適時地把情緒表現出來。特別是「驚訝的表情」，最能帶動歡樂的氣氛。下次不妨試試看喔！

驚訝的力量

這裡分享幾位參加幽默溝通課程的學員的心得——

「當對方表現出驚訝時，我就會想…『如果這樣他都覺得驚訝，那我還有更多更精彩的可以說呢！』結果講得越來越起勁。」

「原本一直面無表情的人，忽然眉毛一挑、眼睛睜大，然後說了句『這真是個好點子耶！』在那一瞬間，我感覺心情也變好了，彼此的距離好像一下子就拉近了不少。」

在對話中，與其說語言訊息重要，不如說非語言訊息更有影響力，比如肢體動作、表情、眼神、手勢、聲音的語氣等等。就算你心裡真的覺得驚訝，如果沒有透過表情展現出來，對方也是完全感受不到的。

♪如果覺得驚訝，就用行動表現出來吧～大家一起來挑眉～（配合〈幸福拍手歌〉中『如果感到幸福你就拍拍手』的旋律）

可能有人會覺得：「也沒誇張到需要驚訝吧……」但我想提醒大家，**這裡面其實藏著的是對對方的體貼，是一種對別人「用心」的表現。**

驚訝的表情，其實就是在用「哇，好厲害！」「原來如此啊！」「太讓人佩服了！」這些話，**無聲地讚美對方。**

而驚訝的表情其實也是可以練習的。重點是把眉毛挑起來，眼睛睜大。因為臉部的肌膚會隨著地心引力自然往下垂（嘴角也會慢慢下沉變苦瓜臉），所以要表現出「驚訝臉」，就需要刻意動用點肌肉。建議可以和練習笑容一起，同時也練練「驚訝臉」。搭配「哇！」「真的嗎？」等詞一起說會更有感覺喔。

不要太嚴肅地聽

當你開始體會到聽人說話的有趣之處後，我要介紹一種更進階的聆聽方式——讓對話出現笑聲的聆聽法。這種方式需要一點玩心，也需要一點待客之道的心意，做起來就會很自然。

來舉幾年前，我在社區擔任幹部時的例子。當時有位姓田中的先生是其中一位小組長，七十多歲。他的工作是向自己小組成員發放社區會報。但因為他行動不太方便，要靠拐杖走路，出於「心地善良」（笑）我主動提出要幫他把會報發一發。但出乎意料的是，田中先生一句「謝謝」都沒說，態度還有點自以為是。

我問了一下發現，他和兒子女兒住在一起，但兒女倆都很忙。他的態度好像我幫忙是理所當然一樣。

我心想：「這也太誇張了吧？」於是乾脆不幫了（其實根本也沒多善良啦）。

某次，剛好遇上田中先生不在家，在下一個月見到他時，我忍不住向他說：「上個月好像沒看到您耶。」（唉唷，明明很討厭這老先生，嘴巴卻不爭氣）

這是我們當時的對話——

田中先生「可能是那時候去買東西了吧。」

我「咦？您是自己去買東西嗎？」

田中先生「對啊。我腳不好，所以走得比較慢，眼睛也不好，所以會帶著放大鏡，一樣一樣仔細看著買。」

好啦，看到這裡，各位會怎麼接話呢？

對我來說，當下腦中馬上浮現了一個畫面……

我 「哇~根本像名偵探柯南嘛！」

就在那一瞬間，田中先生的眼亮了。

田中先生 「是啊，我連紅綠燈的顏色都分不太出來，所以得等看到車停下來，才能過馬路呢。」

我 「哇~也太刺激了吧！」

那一刻，我們一起笑了出來，感覺彼此之間的距離突然拉近了。我想大部分人可能會對我於我必須跟這樣的老人套交情而表示同情，但有時候只要多一點玩心，就能讓彼此變得更親近。接下來，田中先生跟我聊了許多——他擅長做菜、還曾經去法國留學過。我還發現，原來田中先生是大學裡教授藝術理論的老師，偶爾還會有幾位女大學生來家裡作客呢。我們聊了二十多分鐘，他最後對我說：

「你也可以找時間來喝杯茶啊。」

原本討人厭的老先生，就這樣變成了和藹可親的長輩。

到這裡，我分享了「溫暖地傾聽」、「開心地傾聽」以及「讓對方變得有趣的傾聽方式」。**其實一段對話能不能順利進行，與其說是說話技巧，不如說「傾聽的方式」才更關鍵。**

請記得，把「聽」這個字的構成記在心裡——加上耳朵、眼睛，還有一顆帶點玩心的心，一起來享受幽默的溝通吧！

2 懂得讚美

只要一句真誠又棒的讚美，我就能靠它撐兩個月。

I can live for two months on a good compliment.

馬克・吐溫

給人力量的讚美話語

事情發生在我剛進美國大學的時候，我的心理學期中考竟然考了個不及格。

「怎麼辦……搞不好會被學校退學吧。」

我腦袋一片空白，帶著惶恐去找教授。我只是想讓教授知道，分數差並不是因為我偷懶。雖然決定要去問問題，但我英文程度太差，根本不知道該怎麼問。

再加上教授是德國人，講英文有口音，我聽懂的不到一半。

但奇怪的是，有一句話我卻聽得非常清楚。

You must be smart.

他是在安慰我，分數不好只是因為英文不好，但其實我是聰明的。

他說的「must be」，表達的不是「必須要做某事」，而是「一定是～」「想必是～」的意思（小小英文補充）。

我從小到大，幾乎沒被人這樣稱讚過。

但就是那短短四個字，讓我原本沮喪到谷底的心重新振作起來。

更何況，這可是心理學教授說的話！

教科書厚得像電話簿，每讀三行就要查一次字典。

這樣下去真的能趕上下一次考試嗎？

心裡的不安快要把我壓垮的時候，教授那句話就在我耳邊迴盪：

You must be smart ...... smart ......

我就像吃了菠菜的大力水手一樣鼓起了幹勁：「期末考，放馬過來吧！」接著就開始正面對決那本「電話簿」。最後我總算沒被當掉，得以繼續唸書。我想教授本人隔天可能就忘了他說過這句話，但就是這樣一句無心的讚美，卻能帶給人如此大的勇氣。

美國人真的很習慣隨時給予讚美。看到你穿得很漂亮，就會說：「Beautiful！」「That suits you so well！」吃一口菜就說「So good！」在報告時，主管一句「Good job！」也會讓人覺得超開心。

相比之下，在日本就算心裡覺得不錯，也很少有人會說出口，這真的太可惜了。很多人覺得自己不擅長稱讚別人，可能是因為開口之前總會想太多。

但其實，沒有人會討厭被讚美，只是我們還不習慣被稱讚而已。

因此，請不要氣餒、不要放棄，請持續讚美別人吧。

當你漸漸習慣讚美他人之後，也不妨練習成為一個懂得「接受讚美」的人。

被稱讚時，別急著回應：「哪有啦～」「這只是便宜貨啦」「這件衣服我很久

以前就買了」之類的話。不如試著露出微笑，真心地回一句：「謝謝你！」「聽你這麼說我真的很開心～」不是更好嗎？因為對方好不容易鼓起勇氣誠心讚美你，若是立刻被你否定，可能會讓他覺得「咦……我是不是說錯話了？」而產生一種受挫的感覺。

等你漸漸習慣接受他人的稱讚之後，可以試著加點幽默感來回應，像是——「真的嗎？我自己也這麼覺得耶！」、「欸嘿～這種話我常聽到耶！」這樣的有點自信又俏皮的回應，必定能讓大家笑成一片喔！

讚美眼前看到的東西

當我擔任一個歸國子女班級的助教時，曾經遇過一段不知道該怎麼跟小學一年級的孩子互動的時期。

「你有喜歡的科目嗎？」

「……沒有耶。」（一臉無聊的樣子）

「你們的班導是怎麼樣的老師呢？」

「……就鈴木老師。」（邊說還邊想離開座位）整個氣氛完全熱不起來。

但要讓彼此的對話變得有趣，其實關鍵就在自己。於是我開始仔細觀察對方，只要發現一點點不錯的地方，就主動開口稱讚看看。那天，我面對的是班上最安靜的小學三年級女孩——莫妮卡。

「妳的T恤好可愛喔～是哪裡買的呀？」

「西友。」

「西友太棒了吧！我自己也超愛逛西友的～妳還有買別的東西嗎？」

「買了寶可夢的娃娃。」

「哇～是拿來擺房間的嗎？」

「不是啦，是拿來打架玩遊戲用的～」

我睜大眼睛、滿臉好奇地聽她說話，她一下子就打開話匣子了，「我有〇〇的角色，還有△△的角色……」越講越興奮。

看著她開心講著自己喜歡的東西，我的心情也被感染了。人啊，在談論自己熱愛的事物時，真的會閃閃發光呢。

為了讓對方感到開心，能做的第一步就是稱讚。從服裝、隨身小物、說話方式、表情、用詞……其實只要用心觀察，一定能找到可以稱讚的點。

「這件T恤好可愛喔！」

「你的包包的顏色好繽紛喔！」

「妳的英文好厲害喔！」

小訣竅就是：當你把這些話寫成文字時，後面會自然加上「！」的那種有活力的感覺。只要對方笑了，看到那個笑容，自己也會跟著笑了起來。我在長者英語班的課堂上，也設計了「互讚時間」。大家輪流稱讚彼此的穿搭、小配件，也可以誇讚笑容、髮型。重點是要用「表情豐富」的方式去稱讚。雖然一開始大家用自己的母語會有點不好意思，但做久了就會習慣囉。

♪互讚互讚哈～互讚互讚哈～互讚互讚互讚互讚哈～

（請搭配日本兒歌〈南島哈美哈美哈大王〉的旋律來唱）

來，一起邁向「稱讚高手」吧！

連討厭的人也能因讚美而改變

這是大約十五年前的事情了。那時候我家附近有間乾洗店，裡面有位態度非常差的歐巴桑。她總是一臉臭臉，一看到她那副不悅的表情，我的心情也會跟著掉到谷底。只要遇到是她在櫃台，我的情緒也會隨之變得沉重。

有一天，我去乾洗店時，偏偏又遇到她在。

「啊～今天運氣真差……」

心裡正這麼想的時候，我無意間瞥了一眼她從袋子裡拿衣服時的手，發現她的指甲上畫著漂亮的櫻花圖案！

「哇～好漂亮！」

話就這麼不小心脫口而出了。結果那位平常板著臉的歐巴桑，竟然害羞地笑了。那個笑容意外地可愛得不得了！

「這是哪裡做的呀？」

「洗碗的時候不會掉嗎？」

我一下子問了好多問題，她也開心地跟我聊起來。她說美甲是她目前生活中唯一的樂趣，家事都是媽媽在做，所以她基本上不用洗碗。接著她還分享了很多關於美甲的事情。

「那就後天再見囉～」

那天從店裡出來時，我覺得自己好像輕了半個人那麼多（笑），整個人都覺得放鬆、輕盈了。

只是簡單說了一句「哇～好漂亮」，對方就笑了起來，也因為這個契機，我們有了對話，我也被她的笑容感染，變得開心起來。

即使是你覺得有夠難相處的人身上，也一定有什麼值得讚賞的地方。就當作是做個實驗吧，試著稱讚看看。我也衷心希望你們的關係，能像我和那位乾洗店的歐巴桑一樣，有所改變。

讚美對方的提問和意見

在我進美國大學之前，有人建議：「日本人數學比較強，先去修數學課比較有優勢喔。」於是我就照著建議修了數學課。上課時，老師問：「有人有問題嗎？」就有五、六個人舉手發問。他們問的其實是日本國中程度的內容，但讓我驚訝的是老師的回應——「好問題耶！」

老師的回應簡直就像池上彰的風格！（譯者註：池上彰為日本知名節目主持人）在美國，經常可以聽到「這世界上沒有什麼問題是愚蠢的」這個說法。因為是多民族國家，用語言來互相理解是非常重要的。

有位很有幽默感的日本朋友也曾分享，他在小學時就被老師鼓勵：「提出和別人不同的意見，是一件很棒的事，因為那是你自己思考過的結果，盡量大膽說出來沒關係喔。」因為只要發表就會被稱讚，他開始**積極去找出與眾不同的觀點，這也幫助他培養了多分面的思考能力**。

我在主持幽默溝通課程時，會和學員一起進行激發創造力的腦力激盪活動，而我們有一個規則是：「只要有人提出點子，就立刻稱讚。」因為**如果不能馬上給予正面的回應，發言者就會變得畏縮、沒自信，慢慢地變得不敢再開口了**。教育改革實踐者藤原和博老師也曾談到腦力激盪的方法，他說：「當有人提出看似無厘頭的點子時，最重要的是要立刻稱讚他！」

鼓起勇氣去讚美

最近收到一則來自幽默溝通課程學員的好消息，讓我超開心的。

有位叫Ｊ的學員在百貨公司地下食品區遇到一位賣蜆的阿姨，對方的肌膚水嫩有光澤，Ｊ心裡想：「哇～皮膚也太光滑了吧！」原本只是默默在心裡讚嘆，後來走到別的賣場時還是忍不住一直惦記著那位阿姨。於是她又走回去，鼓起勇氣問了：「請問你為什麼皮膚這麼亮這麼嫩呀～？」結果那位阿姨馬上臉紅了起來，害羞地說：「欸～我什麼都沒做啦～」不過她看起來真的超開心！她原本招呼客人時說的：「要不要來點蜆啊～」也突然變得有朝氣又明亮了（笑）！

如果覺得對方不錯、想稱讚對方時，就直接說出口——雖然聽起來簡單，但其實不容易，因為真的需要一點「勇氣」。一旦錯過時機，就可能永遠說不出口。Ｊ願意折返回去說出口，真的太了不起啦！如果那天那位阿姨剛好心情不太好，那麼Ｊ的一句話，也許就成了她的救贖呢。

一聲問候、一個笑容、一句稱讚，有時就能瞬間改變彼此的心情。那位阿姨其實應該很害羞，不然如果她在被稱讚當下笑著回答：「其實啊～都是靠蜆的功勞喔～」的話，說不定她的生意會因此更加興隆呢（笑）。

3 即時回應

我住在美國的時候，發現美國人特別習慣把感受立馬說出口。

例如——

一踏進會場，就說：「哇～今天人好多啊！」

看到料理就說：「哇～看起來超好吃的耶！」

看到我就說：「喔～妳好漂亮！」

雖然最後這句很遺憾我沒聽過……但我想說的重點是——他們會把心裡的YES！直接變成嘴巴說出來的YES！這種與他人共享自己的感受，本身就能拉近人與人之間的距離。**讓對話變得有趣的最大祕訣，其實就是不要害怕說錯，大膽說出口**。看到了就說，聽到了就說。最重要的，是「時機」。當然，也不能忘了之前我們提過的——「認真聽」與「發自內心地稱讚」，這些都是培養「用心待人」的重要元素。但是！負面情緒的話，拜託還是吞下去吧！

有一位在六十歲之後重新學英文的主婦M，正是這樣把「說出口」付諸行動的人。其實她一開始有點英語恐懼症。最初是因為在旅行時，和外國人用簡單英文聊了幾句，覺得好有趣，於是決定開始學英文。但後來，越來越在意自己會不會講錯，說話反而越來越不順了。針對她的狀況，我們開始大量練習「不猶豫，馬上開口」的訓練。某天，她滿臉笑容地來上課。我問她怎麼這麼開心，她說——「我在京都旅行時，跟外國人聊了天耶！」

原來是在公車站等車的時候，她主動開口了：

Where are you from?（你從哪裡來的？）

England.（英國。）

Very far!（哇～好遠喔！）外國人微笑了。

How long you stay in Japan?（你在日本待多久？）

Three weeks.（三週。）

Very long!（哇～好久耶！）外國人又微笑了。

Where are you from?
England.
Very far!
微笑
How long you stay in Japan?
Three weeks.
Very long!
微笑

「雖然只有短短的時間，但真的超開心的！這次旅行去參觀了一些寺廟，但跟這位英國人對話，最讓我印象深刻呢！」她開心地這麼說道，還說老公在她跟外國人說話時，一直用一種充滿敬意的眼神看著她（笑）。

「我一直以為自己非得講出正確的英文不可，但現在才發現，重要的是能把感覺在對的時機點『啪』地說出來啊！」

我想，她說「Very Far！」「Very Long！」的時候，肯定是用上整張臉表現她的情緒吧。

說出自己的真實感受，有時就能讓原本不悅的表情瞬間轉變成笑容。

有一次，我去銀行辦事，開車到了立體停車場時，門口站著一位表情嚴肅的大叔。他簡單地說了句「直接往前開」，我戰戰兢兢地把車慢慢開進去（因為我不太習慣停這種立體停車場，總是特別緊張）下車後，大叔什麼話也沒說，只默默地遞給我一張停車券。

辦完事情回來後，他還是一樣一臉嚴肅。我忽然抬頭看了看那座高聳的停車建築，心裡想：「這裡到底能停幾台車啊……」我那一貫高漲的情緒使我不覺脫口而出：「哇～這個也太厲害了吧！到底有幾層樓啊～～？」沒想到，大叔聽到我的話，突然笑了起來說：「也沒幾層啦，總共有八層囉。」看到他笑容的那一刻，我心情也跟著好起來了。只是笑一笑，人給人的印象就能完全改變，真的很神奇。**不一定非得講什麼有趣的話，只要一句簡單的發語，就能帶來笑容**。這是我從那位停車場大叔身上學到的。

那麼，想要練習「看到什麼、立刻說出來」的即時表達，可以怎麼做呢？這邊介紹兩個簡單的練習法：

Look & Talk（看到了就說）

準備幾張照片或插畫，或是用手機裡的圖片也可以。接著，請試著對著眼前的影像即興地說幾句話。這邊的重點是，不只是說圖裡是什麼，而是要說出你看到它時的感受！

比如，如果是櫻花的照片，可以說：「好漂亮啊～讓我想起去年去〇〇賞櫻的時候，那時候的景色……」

如果是雲霄飛車，可以說：「啊～這我真的不行，每次看到敢坐的人都覺得超佩服的！」

現在請你看看左頁的圖片，嘗試說個三十秒左右的感受吧！

用單字聊天

從一些輕鬆的小主題中挑一個單字，接著圍繞這個單字即興發揮20～30秒。關鍵在於保持笑容，用輕鬆自然的語氣來說話。

這個練習和「Look & Talk」一樣，都是在訓練我們把情緒融入話語中，對話將會變得更有溫度。

◎Look & Talk
請看著照片即興分享你的心情

（……………………）

（……………………）

（……………………）

（……………………）

來試試看吧！

在撲克牌背面貼上一張寫有單字的便利貼，像洗牌一樣把所有卡片混在一起，然後翻開一張，根據卡片上的單字來談談你對於這個單字的回憶或想法。例如，翻開的卡片上寫著「暑假」，那你就可以聊聊關於暑假的回憶。

如果一時想不到要說什麼，可以先試著帶入愉快的情緒，像是「哇～暑假真的很棒耶！」這樣開頭就可以了，不需要強求講出什麼有趣的內容。

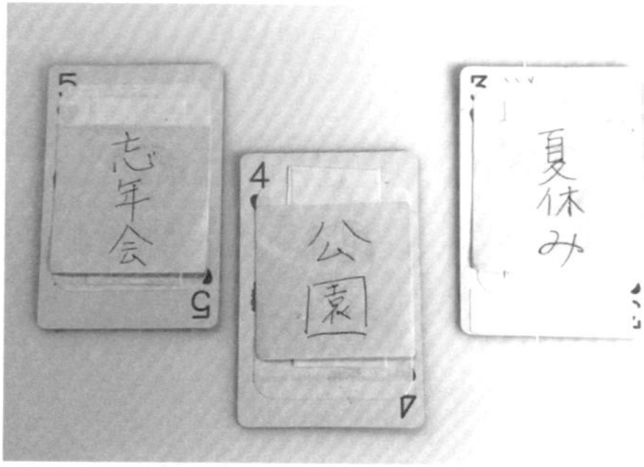

異想天開的創意小物

等你習慣了「即時說出想法」這件事，就來挑戰創造力的訓練吧！

這次要練習的是隨口說出一個「不可能存在」的物品。越無厘頭越好，請大膽發揮！舉例來說，如果題目是「椅子」，你可以說「會跳舞的椅子」、「會笑的椅子」、「只有一毫米高的椅子」、「可以戴在頭上的椅子」……總之，怎麼荒謬都沒關係！

如果是一群人一起玩，記得一定要誇張地讚美每一個想法。如果在提出點子卻被用「那是什麼鬼？」的表情否定，那創造的興致就可能會瞬間熄滅。但如果能得到旁人「好棒喔！」「這我好想要！」的反饋，那整個氣氛就會熱起來，大家也會更願意發表自己的點子。

即興接話遊戲

美國幽默應用療法協會每年大會上，都會提到一項對培養幽默感非常有幫助的訓練，那就是「即興表演」，英文叫「improvisation」，簡稱「Improv」。這是一種完全不靠劇本、依照當下情境自由發揮的表演形式。

為什麼即興表演能提升幽默感呢？這個問題，由《天空不藍，仍然可以歡笑》作者，也是引領我走進美國幽默應用療法協會的導師——艾倫・克萊恩先生親自解答了。

・因為需要快速思考。

・因為不需要太過嚴肅看待自己。

・因為沒有時間過度檢討自己的話語或行為。

當我們在當下把腦中閃過的念頭直接說出口，常常會冒出連自己都意想不到的有趣點子。有時甚至會因為出其不意的發展而讓人忍不住笑出來。反之，如果一開始就想逗人笑反而容易失敗，因為過度思考反而容易將話題變得無趣。

Yes, and接話術

即興表演最基本的技巧之一，就是所謂的「Yes, and」（是啊，而且呢）思維。這個技巧的重點在於：**先接納對方的想法（Yes），再加入自己的想法延伸（And）。**

舉個例子來說：

「今天天氣這麼好，我們去野餐吧！」

「好啊！（Yes）我有一個黃色的野餐籃，我們可以把食物裝進去！（And）」

「太棒了！我昨天剛好烤了鮭魚，可以做成飯糰帶去！」

「太好了！那不如我們做一顆超巨大飯糰吧！」

這樣的對話方式，能夠讓雙方都越聊越有趣。

剛開始可以習慣性地說「好耶」、「太棒了」來接話，等到比較熟練後，不一定要每次都明講「Yes」，只要態度是接納的就可以。

順著對方的話題走是非常好的練習機會。

回想一下你平常的對話模式，是不是經常不小心用了「Yes, but」？

像是：

「今天的天氣真好！」「嗯，不過那邊好像有點烏雲耶……」

「這個點子不錯吧？」「是不錯啦，但太花錢了……」

人有時會出於自我防衛，而習慣性地提出否定的意見。

我自己也曾犯過這樣的錯。有一次我打電話給獨居的婆婆：

我「今天英語課來了一位新生喔！」
婆婆「是喔～奧運也快到了，好像越來越多人想學英文呢。」
我「雖然是啦，不過他之前住過美國，其實已經很會講英文了啦。」

婆婆明明是用「Yes, and」的方式回我，我卻用「Yes, but」回應她的話。原本是想跟她聊聊讓她開心的電話，結果卻似乎說了讓她氣餒的話。她最後回我「別太操勞喔」的語氣裡帶著一點寂寞，我當下真的覺得「啊……說錯話了」。

有時候只是因為自己知道得比較多，或是覺得對方說得不完全正確，就不小心會想糾正對方。

像剛剛的對話中，其實根本沒有必要補充什麼「住過美國」這種資訊。在接觸即興表演以前，我自己甚至沒發現我常常在「否定對方」。

或許在開會或辯論時，傳達自己的立場很重要，但日常對話的重點，應該是

「一起度過愉快的時光」。**但如果對話的目的是「讓對方開心」、「和對方共享快樂的時光」，就不需要事事糾正。**

當然啦，如果對方是希望得到正確資訊，或是本來就喜歡討論的人，那也沒問題。但如果對象是對說話有點抗拒、比較害羞、年紀較長，或是久違聯絡的家人，這時就更適合用「Yes, and」模式來進行對話。

我還聽過一位在美國當護士的朋友分享：醫院有一位失智症患者，在非常寒冷的天氣堅持要出門。如果直接對他說「外面太冷了，不能出去」，那位患者會一直堅持己見，不斷重複「我要出門」。

這時候「Yes, and」就派上用場了：

「是啊，現在外面真的好冷喔，所以我們穿上厚厚的大衣，把自己包得暖暖的再出門吧！等回來，我們來喝一杯熱可可吧～啊！或者我們現在就先來杯熱可可也不錯呢！」

這樣不僅順著對方的話，還能自然地把話題引導到另一個方向，不但讓氣氛更好，也避免了正面衝突。我覺得這樣的方式，不只適用於失智症患者，其實對任何人都一樣有效。

接下來我來介紹幾個我在幽默課程裡常用的即興遊戲。

同學遊戲

我們假裝參加一場小學同學會，實際年齡不重要，在遊戲裡大家都是小學同學。先為自己取一個綽號。如果一時想不到，可以從「Happy」、「Lucky」、「小咪」這幾個選一個。這場遊戲重點在於，我們彼此記得對方的臉，但就是想不起對方的名字，於是互相喊出對方的綽號，裝作超感動的樣子。

A（露出「啊～好眼熟但想不起來名字」的表情，靠近B）

B（指著自己）「我是阿芳啦！」

A（一臉「我想起來了！」的樣子）「阿芳！」（指自己）「我是小新！」

B「小新～！」

然後兩人來個擊掌！

這個遊戲非常適合在大家初次見面時用作破冰活動，很快就能拉近距離。關鍵是用那種「哇～好懷念喔！」的表情來叫出對方的綽號。

只要假裝彼此是同學，氣氛就會突然變得輕鬆、親切，還能喚起童心。

聊聊回憶

這個遊戲方式是扮演成同班同學，來聊一些「以前的事情」。記得運用「Yes, and」技巧，順著對方的話接下去——

「對對對，而且那時還發生了這種事呢～」這樣延續對話。

重點是要聊彼此過去的事，而不是現在的話題。常常聽人說，初次見面時找共同點很重要，這個遊戲的特點就是「直接創造共同回憶」。這麼一來，即便是剛認識的人，也會像青梅竹馬一樣神奇地熟起來。

禮物遊戲

兩人一組，其中一人決定一個「虛擬禮物」，然後送給對方。收到的人要感謝對方，並根據大小形狀來說出「收到的是什麼」。

比方說，對方把手攤開像是拿著什麼東西，然後說：「生日快樂！」你可以回：「哇～好可愛的倉鼠，謝

這是
送你的禮物！
哇！你怎麼
知道我想要
的就是冰箱！

謝你！」或是對方雙手比出一個大箱子的樣子，你就可以說：「你怎麼知道我想要冰箱～！」因為要從空無一物的場景中想像對方送了什麼，這個遊戲可以訓練觀察力、想像力與創造力。

一開始可能會有人不知道該怎麼回答，這時就提醒他們：「反正是虛構的，你想要什麼就說什麼就好啦～」鑽石戒指、大象、蛇、醃漬石……什麼奇奇怪怪的東西都可能出現，整場活動也會隨之越來越歡樂。

我們前面談了幾個關鍵字：「傾聽」、「讚美」、「即時表達」，這些都是將幽默運用在溝通上的技巧。當你能專注傾聽對方，適時給予讚美，氣氛就會變得更和諧，更容易產生歡笑的氣氛。

而且，當下的表達節奏感也很重要。常聽人說，溝通像是在接拋球；但如果是幽默的對話，更像是在打乒乓球——得看準對方的動作、抓對時機回應，對話才能自然地來回延續。

重點是，這場對話裡，不管是自己還是對方，都能感受到愉悅的氛圍。

一開始也許會太用力把球打飛，或是太小心球連網都過不了，但只要記得用心對待對方、保有一點玩心，就沒什麼好擔心的。

慢慢地，這段對話就會像一場輕鬆愉快的乒乓球比賽，節奏對了、彼此默契也出來了，聊著聊著就越來越開心。

第5章 自嘲

終於要面對最後一道難關了。上一章我們談的是透過幽默來與「他人」相處，這一章則要轉向面對「自己」。這裡要介紹的是所謂的「究極幽默」——那就是「能夠自嘲」。

你也許會想：「蛤？就這樣？」如果你會這樣想，那可能代表你已經默默變得滿有幽默感了喔！又或者是，你還沒真正體會到「自嘲」這件事有多重要。

多數人其實都不希望自己的缺點或失敗被發現，誰不想讓自己看起來更好一點呢？希望被稱讚、被認可、不想被討厭，這些心情都是很自然的。

但是，你還記得幽默的定義嗎？

「換個角度看事情，從中發現有趣的地方」這件事，同樣也適用在看待自己上。試著用一種客觀的方式看待自己的缺點、失誤，甚至是那些有點糗的處境，然後一笑置之。

當你能做到這一點，原本的負面情緒也會被轉換成輕鬆的正能量。不過，這裡有個需要注意的重點：**「自嘲」不等於「貶低自己」**。

不是「啊～我又搞砸了，我怎麼那麼笨啊」這種自責模式，而是帶著接納與放鬆的笑。畢竟我們都是人，有點小失誤也很正常。

有趣的是，**這種自嘲式的幽默感，其實是建立在一定程度的自信與心理餘裕上。**能夠自嘲的人，才是真正的強者。

如果你能做到這一點，那就可以說是幽默大師畢業啦！（笑）

自嘲自己的性格

有一次，老公從仙台出差回來，帶了個當地名產送我。他遞給我時說：「這是『萩之月』。」接著他蹲下來，指了指自己的頭頂：「這是『禿之月』。」

……我只能說，這個哏真的太高招了（笑）！這雖然是超級冷笑話，不過也堪稱草刈家榜上有名的搞笑雙關語。

我身邊也有些男生在意自己的髮量，也有些人就乾脆笑一笑帶過。像我老公就是那種完全看得開的類型。他還會說，下雨的時候自己是第一個知道的；吹頭髮根本不用吹，超方便！

幽默的核心，就是接納真實的自己。

這個是萩之月。
這個是禿之月。
HAHA HAHA

我老公五十幾歲那年，有一次開心地從醫院回來，跟我說：「今天有個小孩向我跑來，叫我『阿公～』耶！」

我在旁邊傻眼：「你幹嘛這麼開心啦！你才五十幾歲欸？」

他卻得意洋洋地說：「上次這種待遇還是大學的時候被讓座咧～」

就在這時，我們的長子也補了一槍：

「我國中的時候有一次被遞了個煙灰缸，我只好說『我還是國中生喔』。」

聽說他朋友們都笑翻了。唉，果然有其父必有其子（笑）。

《招來幸福的輕鬆家事（幸せをよぶ らく家事，暫譯）》的作者，市川吉惠女士曾分享，她小時候其實很不擅長和人互動，總是在親近的人面前才敢展現「真實的自己」。平常與人交往時，常會為了不破壞別人對她的印象，而選擇「演」下去。

曾經擔任家事相關課程講師的市川女士，最不擅長的就是課堂上的閒聊時間。她坦言，在教學生涯的前十年裡，即使腦中浮現了有趣的話題，也常常因為擔心學員的反應而選擇默默吞回去。直到有一天，上課前她發現自己的門牙有些鬆動，猶豫再三後，終於鼓起勇氣，在課堂上向學員坦白：

「等一下如果我講到一半門牙飛出來也別太驚訝喔～要是我在那時候還問問題，那大概就是真正的『不齒下問』了吧！」

原本只是為了掩飾尷尬所說的玩笑話，沒想到全場笑成一片，原本拘謹的氣氛也瞬間化為輕鬆愉快。那次之後，她開始嘗試在課堂中加入自嘲的小段子。

後來一次，市川女士接受了一場長達四個小時的植牙手術，一口氣拔了五顆牙。術後，她長時間忍受著劇烈的疼痛與反胃的不適。而在那段艱難的恢復期，支撐她心情的，正是那份幽默感。她回憶道，當時為了鼓勵自己振作，曾咬緊牙關在心中吶喊：「我才不會輸給這點痛呢！」結果下一秒卻頓悟——咬緊牙關也咬不了，因為根本沒有牙了！（哎呀糟糕，忘記自己剛動完手術啦～）在痛到不行的當下，她竟忍不住笑了出來。

幽默感，便是能跳脫自身，客觀看待自己的能力。

它讓人產生一點心理的空隙，發現那些原本可能忽略的小趣味。

在電視上的搞笑節目裡，我們常常會看到拿別人的外表或性格來開玩笑的橋段。但如果這些玩笑被直接搬到日常生活中，變成一種模仿、甚至是貶低他人的行為，就算當下現場真的很有趣，也可能在無形中傷了對方的心。缺乏體貼之心的玩笑，其實很危險，它離真正的幽默，有段不小的距離。

不過，**若是一個人能夠自己開自己的玩笑，那麼身邊的人也不需要特別小心翼翼、顧慮太多，整個氛圍反而會更自然、更輕鬆。**不知不覺中，這樣的人也會讓人覺得更有度量，顯得更有魅力。

放下身段

關於「放下權威」所帶來的人際變化，美國曾有個非常經典的真實故事。

同時是美國應用幽默治療協會的成員，也是一位TED演講者的保羅・奧金卡普先生，曾在大學擔任生活輔導老師。某天發生了一件男學生醉酒後在教室裡砸壞了器材的事件，學校安排了面談，由奧金卡普老師與學生及其家人共同討論處理方式。

在第一次的面談上，學生全程幾乎沒說半句話，場面冷到幾乎可以結冰，可謂毫無進展，僵局一直維持到第二次面談開始之前。正當奧金卡普老師準備出門參加第二次面談時，竟然一個不小心把咖啡打翻在褲子上，而且還偏偏濺在最尷尬的位置——褲檔正中央！即使馬上用毛巾擦，還是無法挽救。他只好認命，穿著那條明顯濕了一大塊的褲子上場。

一踏進會議室，他先開口對學生和家人說：

「希望你們今天都過得比我順利一點，我剛剛才把咖啡灑自己一身。」

沒想到那位原本不太說話的學生馬上回嘴：

「哇！老師，你該不會是尿褲子了吧~？」

頓時現場一陣爆笑，原本沉重又尷尬的氣氛瞬間瓦解，這場面談因此進行得意外順利。或許正是因為奧金卡普老師願意卸下「我是老師」的架子，用一個出糗的自己面對大家，讓彼此的距離一下子拉近了。

美國喜劇演員維克多・博格曾經說過一句話：**「沒有什麼比笑聲更能拉近人與人之間的距離。」**（Laughter is the shortest distance between two people.）我們總覺得不能丟臉、不能失敗、不能讓別人看到自己軟弱的一面，結果反而把自己逼得喘不過氣。其實，有時候不妨試著把那些小出糗拿出來分享。

就從身邊那些值得信賴，可以一起說笑的人開始吧！而且這裡我所謂的「失敗」，可不是什麼無法挽回的重大錯誤，而是像說錯話、搞錯場面這種生活裡的小插曲。那些看似糗的瞬間，其實也可以是一個笑著面對彼此的契機。

某次在一場演講發表會中，我被指派擔任活動的主持人。為了讓氣氛活潑一點，我靈機一動，決定在介紹每位講者時，先分享一段他們的「糗事」當作開場白。於是我事先寄出電子郵件，請每位講者提供一則自己的小失敗經驗。大部分人都很爽快地回覆了，只有一位T先生寄來一句：「我怎麼想都想不到什麼失敗經驗。」後來我們通了電話。

我　「T先生曾經有過聽錯話、表錯情的時候嗎？」

T　「唉，常有啊！像今天早上，我找不到報紙，就問太太說放哪裡，她也不知道。我還一臉無奈地說：『唉唷，妳是不是開始老了啊～』結果，走進客廳一看，報紙就在桌上。才想起來，早上我散步回家後，自己親手從信箱拿出來放在那裡的。」

我　「這真的太經典了啦～你說太太老，結果你才是那個『開始老了』的人耶，哈哈哈！」

T先生雖然有點不好意思，但自己的故事被稱讚有趣之後，心情也跟著開朗起來，立刻把這段小插曲整理成文字寄給我。隔天，他又寄來修正版，還寫著：「我想這樣改會不會更有趣一點？」T先生平常給人的印象有點嚴肅型，但自從知道了他也有這樣的一面，突然覺得他變得更親切、可愛了。

而我記得在那天的發表會，介紹各個講者的糗事時，現場總是笑聲連連，整場活動也因此變得更熱絡。

一個人如果太在意維持權威或形象，幽默感就很難自然流露。人都會隨著年紀增長，記憶力退化，失誤也會變多。與其緊抓著完美不放，不如學會轉個念，把失敗當成笑料。這不但能讓自己的心情輕鬆不少，也能拉近和他人的距離。

罪惡的小確幸

雖然和失敗不太一樣，但相信每個人心裡多少都有那麼幾件事，明知道不太好，卻又忍不住想做。保羅・奧金卡普先生曾跟我介紹過一個說法，叫做 Guilty Pleasure，**直譯是「帶點罪惡感的快樂」**。這種快樂，通常是身體不健康、或被別人知道可能會被笑，但自己就是很愛、很享受的那種行為。簡單說，就是「明知道不該，但還是想做」的代表。

比如說——

・下雨天時，撐著傘偷偷對路人做鬼臉當成小遊戲。
・聽著耳機裡的流行歌，情不自禁無聲對嘴大唱特唱，假裝自己在開演唱會。
・在休息站的自動販賣機買現磨咖啡，在等咖啡的同時，隨著機器播放的音樂默默跳起舞。
・拖著不想做家事的藉口，跑去追劇看偶像（而且還有三位本命要顧，超忙）。
・等家人都睡著後，躲在棉被裡悄悄吃餅乾，努力不發出聲音。
・明明已經吃很飽了，卻在聚餐結束後，總是忍不住走進巷口那間拉麵店。

這些小小的壞習慣乍看之下，也許毫無意義，但如果願意向他人分享，反而能拉近彼此的距離。

「你看起來一直很冷靜，原來也有這麼可愛的一面啊！」

「啊，原來這個人也不是完美無缺的。」

這樣的想法，會讓對方放下戒心，更願意敞開心胸來交流。

實際上，在幾個互不相識的人組成的團體活動中，這個分享「罪惡的小確幸」的練習，往往能很有用。我通常會請幾位代表先說出自己的例子，然後再讓每個小組互相交流。只要幾分鐘，整個場子就會充滿笑聲，氣氛也自然地變得溫暖起來。

美國有個實驗發現：與一組人在開始工作前與彼此分享自己達成過的成就相比，分享自己覺得有點丟臉的小故事的團體，在隨後的腦力激盪活動中，無論點子數量還是創意程度都明顯更高。因為開頭就說了些「糗事」，彼此之間的緊張感也跟著消散，自然就能更放開想像。

那麼，你的「罪惡的小確幸」是什麼呢？

成為一個能讓人發笑的人吧！

俗話說「幸災樂禍」，日本也有句俗語：「別人的不幸嚐起來像蜜。」嘴上說著「哎呀～真慘！」，但心裡可能已經在偷笑。這沒什麼不好，在壓力重重的社會裡，一點甜蜜可是非常珍貴的啊。自己的那些小失敗，竟然可以為社會做出貢獻呢。接下來，我就來分享一些我自己的失敗經驗和耳聞趣事。

【金團事件】

我們家每年過年時都會做地瓜金團。我會把地瓜煮熟過篩，加入砂糖，用鍋加熱後嚐一口看看……噗哈！好鹹！

沒錯，我把鹽跟糖搞混了。因為發生了這個誇張的大失敗，我忍不住在Facebook上發了一篇文。結果按讚跟留言數爆增（笑）。

以前的我，可能會因為這樣而很沮喪、很低落。但現在的我，反而會在心裡偷偷想：「嘿嘿，正是發揮幽默感的好機會呢。」

「**如果人生一帆風順，就不需要幽默了。**正因為遇到不如意的事、被人說了不中聽的話、快要陷入討厭自己的境地的時候，幽默才會展現真正的力量！」雖然我常對別人這麼說，但如果我自己不能實踐，那可就沒說服力了。就像我在第89頁說的，這是讓自己成為故事主角的機會。

背景音樂是洛基的主題曲♪

一次失敗就氣餒，那怎麼行！我化身為洛基，奔跑在坡道上（雖然是開車），衝進超市買齊所有需要的食材，重新回到家。這次，我集中全副精神投入金團製作，心情就像是職人一樣。「這次絕對不能再失敗了」——這樣想可不行，一定要隨時保持「從容的心」。

♪媽媽來做年菜囉～金團金團金團～（請搭配日本兒歌的「拍肩歌」旋律）

經歷了波折，這次的金團簡直是史上最好吃的版本。

【停車場事件】

有次我開車載媽媽去購物，當時停車場很擁擠。

我只好停在前車後面等待。

這是我們常用的策略，但這次那台車怎麼樣就是不動。

媽媽說：「這種時候不能急躁。」然後開始講一些關於「能夠耐心等待的人有多了不起」的話題。

我也附和她：「真的呢～急性子吃虧嘛！」

一邊聊天，一邊等了二十分鐘，車還是沒動。

我覺得不太對，仔細一看——前面的車裡根本沒人……

原來我們一直停在一輛違規停放的車後面，傻傻地等了二十分鐘，而且還一邊聊著「等待多重要」的話題。

【白板事件】

某次我在一家公司主持以「幽默」為主題的小型講座。

走進會議室時，發現牆壁全部都是白板，超嗨！我一邊興奮大叫「哇～好開心喔～」一邊在牆上寫個不停。

等講座結束後，我開始擦那些字，卻擦不掉……

一位參加講座的女生說：「用濕抹布就能擦掉啦～」她拿了濕紙巾來試試，結果還是擦不掉……原來我以為全部都是白板牆，實際上只有一面是真的白板。其他牆面是普通牆壁。

最後只好打電話叫管理公司來清理……

「沒關係啦，反正你又沒寫黃色笑話！」

她這樣一說，讓我忍不住笑出聲。

畢竟我剛剛才在工作坊裡說「不論遇到什麼事情，最重要的是先笑出來」結果馬上就自己做了一次示範（笑）。

【家長參觀事件】

你有沒有曾經因為想要帥、或太過得意而搞砸事情呢？雖然事情發生的當下可能會很沮喪，但試著拉開距離或過一段時間再回頭看，反而變成了可以笑著說的故事。

在我的幽默溝通課程上，一位I小姐分享了一段，她兒子小學一年級時的家長參觀日發生的趣事。

第一次參加家長參觀日，她精心打扮，穿上高級品牌的衣服，盛裝出席。

那天剛好是母親節，老師說：「今天是母親節，我們來做些讓媽媽開心的事吧！」讓孩子寫作文，描述可以讓媽媽開心的事情。

寫完後，老師問有沒有人想唸作文，全班小朋友都舉手了。

小朋友一個接著一個唸出了自己寫的內容，此時終於輪到I小姐的兒子，她帶著期待，在教室後方優雅地站著，心想：「他會寫些什麼呢？」

這時兒子大聲唸了出自己的作文：

「我畫蠟筆畫的時候，會盡量塗淡一點！」

「還有，如果朋友忘記帶蠟筆，我絕對不會借他！」

Ｉ小姐當下真想找個地洞鑽進去。雖然原先是想讓學員們分享各自失敗的小糗事，但Ｉ小姐的這段故事在幽默課上大受歡迎。平時總給人優雅、冷靜印象的Ｉ小姐，因為這段分享，突然讓人覺得親近許多。

【兒子的女友事件】

這是在二兒子第一次把女朋友帶回家時發生的事。

他一臉緊張地說：「她很安靜，也比較怕生喔，拜託你不要嚇到她啦～」

我胸有成竹地拍拍胸脯說：「你在說什麼啊？媽媽可是參加演講社多年耶！還有幽默課，教的就是怎麼讓氣氛融洽。放心交給媽媽吧！」

那天，我格外注意營造輕鬆幽默的氣氛，連杏仁豆腐我都畫上笑臉。

實際見面後，兒子的女友果然是個很安靜的女孩，我運用了演講課學到的社交技巧，再加上自己在幽默溝通課上介紹的傾聽能力，一邊說話一邊聽她說話，努力不讓氣氛冷場。

當然，我臉上的笑容從頭到尾都沒斷過，畢竟我是幽默溝通訓練師嘛，呵呵！

兒子送她到車站後回來，我立刻湊上前問：「欸欸，她有說我什麼嗎？」（應該都會說「很開朗的媽媽」「你媽媽感覺很好相處」這類的話吧～）

結果兒子說：

「她說『你媽媽話好多喔～』」

啊……我那麼努力營造的氣氛……

雖然小小受挫，但將自己置身事外，回頭再看這件事，反而覺得很有趣。

自己太賣力，反而用力過猛。

從別人眼中看來，也許正是這樣才好玩吧！

【地理考25分事件】

兒子剛升上國中不久時，有一天整個人垂頭喪氣地回家，連聲「我回來了」都沒說。

一問之下，才知道是期中考地理只考了25分。

我「滿分是100分嗎？」

兒子「對啊！但小武只考20分耶！」（笑）

我「大家成績都這麼差？那出這種題目的老師才是問題吧？」

兒子「（苦笑）……可是小始考了90分……」

看他說到快哭，我也覺得心疼。

我「這是第一次考試嘛，下一次一定會更好。你可以這樣想：小始就算再怎麼努力，也最多只能進步10分。但你不一樣喔，你如果下次拿到50分，就進步兩倍；拿到75分，就是三倍；如果考滿分，一口氣是四倍耶！如果你是在公司，把收益拉到四倍，那你會變成社長啦！」

聽了我的話，兒子的臉慢慢亮了起來。

「那小武如果考滿分，就進步五倍囉！」

「沒錯沒錯～你果然遺傳到媽媽的數學腦～」

「謝謝媽媽！」

他這麼說完，就開心地跑上樓了。

「我真是個超棒的媽媽啊～！」我內心滿滿自信。

隔天，開心的兒子跑來說：

「媽媽妳看～數學下次我如果考一百分，就是進步十倍耶！」

最後兒子的反應是我掰的啦（笑），但其他都是真人真事！幽默感，就是能從不同角度看事情的能力。不只正面，也可以從上面、下面、左右、斜著看，搖一搖、丟一丟、從遠處、近處、過去、未來看。這就是幽默的視角。

【巧克力事件】

「呀～～～！」

我朝天大喊。

不是因為照顧婆婆太累，也不是因為稿子趕不出來，而是我一直在桌前忙工作，累到快沒電了，快累癱的我這時忽然想到。

有位去旅行的學生送了我三顆捷克的巧克力♡

包裝超可愛，是三種不同形狀的巧克力♥

圓的、三角的、方的，各有特色，每顆都超珍貴♡

想到這些巧克力，我的背也挺直了，臉上不禁浮現笑容。

這時我看到了站在房門口看著我的老公，於是一臉溫柔地對他說：「來，一起吃那三顆捷克巧克力吧！」

我簡直超貼心的吧！

然後居然聽到我老公說：「那個我昨天晚上吃掉了耶。」

「蛤？？？」

我一時無法理解他說的話。

（請問這是在說我聽得懂的語言嗎？）

「你……你說什麼？」

「昨天我太累了，就吃掉了。」

「欸！！！那有三顆耶！」

「我真的很累啊！」

「你說……三顆全吃掉了喔？不是只吃一顆？」

他點點頭。

「呀～～～～～！」

這就是我剛剛尖叫的原因。

「開什麼玩笑！！至少留一顆啊！三顆全吃光也太狠了吧～」

你可能會覺得不就幾顆巧克力而已，至於嗎？但你知道嗎？對食物的怨念是很可怕的。那種「期待的東西突然不見」的失落感，真的是無處發洩啊……

從這次事件我學到幾件事：

- **老公雖然是人形，但其實是隻貪吃熊！凡是吃的東西千萬別擺在他眼前。以後收到好東西，第一件事就是「藏起來」！**
- **當你失去什麼東西，感到洩氣時，請想起這個巧克力事件，給予共鳴與安慰。**
- **還有一個發現——「原來我內心其實很小氣！」**

能笑著面對自己這樣的小小陰暗面，就是一種幽默。

人都一樣啦，講別人之前，先看看自己吧~呵呵呵！

不只如此，這件事還有後續。之後，當我拜託老公做家事時，只要他一臉不情願，我就會露出悲傷的眼神說：

「唉~好想吃那些巧克力喔~」

【大雪事件】

當一切順利時，幽默似乎派不上用場。真正需要幽默的時候，是事情不如預期的那一刻。雖然我這樣講起來頭頭是道，但說真的，要用幽默的眼光看待事情，有時還真是不簡單。

像是有次新聞預報會下大雪。平常只要聽到要下雪，我都會在屋裡興奮得跳起來（到底是人還是狗啊！）但那次，我真的是晴天霹靂，因為那天剛好是我家次男的結婚典禮。

雖然婚禮是在室內舉行，可那家婚禮會場有個傳統，就是新人會在庭園裡的小橋上拍張紀念照。兒子應該是不會太在意，但想到新娘可能會很失望，我就覺得好心疼。再加上也對來賓們感到很抱歉……

「為什麼偏偏是這一天啦～～～！」

不過啊，正是在這種時候，更需要換個角度看事情。

幽默……幽默……幽默……哎呀，完全想不到！

好吧！那就先來練習改變「下雪了～」的說法吧！

先用沮喪的語氣說「下雪了……」，接著再用開心的語氣說「下雪了！」

慢慢地，我開始想到了一些「下雪真好」的理由：

- **整個世界變成一片銀白，美得像童話。**
- **「白色婚禮」這詞聽起來很浪漫。**
- **下雪的婚禮不常見，會讓大家印象深刻。**

・過一陣子回想起來，大家會笑著說：「那天雪下超大欸～」

・婚姻本來就會遇到各種難題，一開始就碰到點小插曲，反而代表以後都會順順利利吧！

而且說真的，在二月舉辦婚禮，本來就是容易遇到下雪。或許能在這天遇到雪，反而是種好運呢？就這樣，我的心情也逐漸亮了起來。

雖然我早就準備好雪靴，抱著「一定會下雪」的覺悟出門，但出發的時候天空只是陰陰的。我們也在雪真正飄下來前，剛好順利地在庭園裡拍完照片！

這些日常裡的小插曲、誤會、尷尬時刻，雖然看起來都只是些微不足道的小事，但只要換個角度去看，就會變得很有趣。**過去的事情本來是無法改變的，但只要戴上「幽默」的眼鏡，過去就能夠被重新詮釋。**

人生並不總是那麼順遂，大多時候反而都和我們的期待有差距。但事情都已經發生了，就別太糾結，與其悶悶不樂，不如試著從中找出一點好笑的地方吧。

即使生活不如理想，只要願意轉個念頭，用一種有趣的角度來看待，不僅可以讓現實變得容易接受，也能幫助我們更坦然地接納自己的樣子。

能夠笑看自己的你，已經在心中種下「幽默」這顆元氣的種子，不管遇到什麼挫折，都能勇敢面對！

結語

感謝您閱讀到最後。

二〇一一年三月十一日發生的東日本大震災，成了我人生中的一個重大轉捩點。當時全日本的笑容似乎都消失了，我腦中突然浮現了在前言中提到的那位護士的幽默感。正是因為身處如此艱難的時刻，我更覺得必須從哪怕是一點點的小事中找出能讓人微笑的元素。也就是那一刻，我意識到這或許是我人生的使命。

一個月後，我開設了幽默溝通課程，以「讓對方露出笑容的幽默演講」為主題。但真正開始後我才發現，太過認真的人，其實會把自己的緊張感傳染給聽眾，反而讓大家都變得不自在。於是我開始思考幽默的力量，真的只有讓人發笑這一種功能嗎？在此之前，我該怎麼讓自己先放鬆下來呢？

就在那時，我接觸到了艾倫・克萊恩的《天空不藍，仍然可以歡笑》這本書給我極大的衝擊。書中不是教人如何讓別人發笑，而是闡述幽默如何成為一種讓自己振作的工具，特別是在困難時期的強大幫助。讓我忍不住想，如果我年輕時就明白幽默的真正含義並學會運用，我的人生應該會過得更輕鬆自在吧。

在日本，很多人都認為幽默感就是說搞笑的話的能力。但正如我在這本書中一再提到的，請讓我再說一次——幽默感，並不是說有趣的話，而是「發現有趣的事物」的能力。而且並不是因為快樂才會笑，而是「因為笑了，才會變快樂」。

為了讓大家真正體會到這一點，我在幽默溝通課程中不斷地嘗試與調整。「即使失敗也沒關係」我總是這樣告訴大家，並努力營造出一個安心、安全的學習環境。當課程中加入放鬆身心的活動後，參與的學員們也逐漸放下戒心，開始享受與人互動交流的過程，現場的氣氛也變得越來越輕鬆愉快。最令我難忘的是，那些原本緊張到不行的學員，竟然也能瞬間融入其中，那種感動至今仍歷歷在目。

幽默感，是隨時都可以開始培養的。如果這本書能讓你對世界的看法改變一點點，讓你在日常生活中更容易發現幽默的片刻，那將是我最開心的一件事。

在此，我想感謝一路上支持我的所有人。

我的人生導師，也是將幽默教學方法傾囊相授的井上敏之先生；讓我決定以「幽默」為人生主題的研討會主辦單位；多次聆聽我演講練習的國際演講協會（Toastmasters Club）夥伴們；以及願意讓我在本書中分享故事的朋友和幽默課程成員們，真的由衷感謝你們。

此外，也感謝美國治療性幽默協會（AATH），讓我得以與世界各地研究幽默的專家交流，這群人彷彿成了我人生中的第二群家人。還有我親愛的父母與家人們，謝謝你們一路的支持與鼓勵。

最後，特別感謝藝術新聞社出版部的山田龍也先生，三年來無論風雨，都始終耐心等待、從未放棄，一直以溫暖的話語鼓勵著我，謝謝您。

草刈 MARTHA　二〇一九年七月十日

参考文献

アレン・クレイン著『笑いの治癒力』創元社　１９９７年

井上宏ほか著『笑いの研究　ユーモア・センスを磨くために』フォーユー　１９９７年

大島希巳江著『日本の笑いと世界のユーモア』世界思想社　２００６年

澤村直樹著『〈聞き上手〉の法則　人間関係を良くする15のコツ』ＮＨＫ出版　２０１０年

生田サリー著『初対面の相手の心を一瞬で開く方法』ＫＡＤＯＫＡＷＡ／中経出版　２０１３年

市川吉恵著『幸せをよぶ　らく家事』清流出版　２０１６年

チーム笑福著『笑いの奇跡』ベースボール・マガジン社　２０１８年

柏木哲夫著『ユーモアを生きる』三輪書店　２０１９年

Karyn Buxman, What’s so Funny about Nursing? What’s So Funny About? Publishing, 2013

Paul McGhee, Humor as Survival Training for a Stressed-Out World, AuthorHouse, 2010

●作者簡介

草刈MARTHA

幽默溝通訓練師。美國治療性幽默協會（AATH）認證幽默專業人員。高階英文會話講師。積極傾聽推廣團體「Active Listen」專任講師。大笑瑜珈隊長。2013年榮獲東京場次的研討會演講比賽冠軍，2015年則在國際演講協會（Toastmasters）日本語全國演講比賽中奪得冠軍。旅居美國8年半期間，深刻體會到幽默在生活中的重要性，從此開始深入學習幽默。返日後，開發出獨創課程，創辦了「幽默溝通課程」。本名為草刈正子。

幽默一點，溝通就會順一點

出　　版／楓書坊文化出版社
地　　址／新北市板橋區信義路163巷3號10樓
郵政劃撥／19907596 楓書坊文化出版社
網　　址／www.maplebook.com.tw
電　　話／02-2957-6096
傳　　真／02-2957-6435
作　　者／草刈MARTHA
翻　　譯／廖玠淩
責任編輯／陳亭安
內文排版／楊亞容＆紫光書屋
港澳經銷／泛華發行代理有限公司
定　　價／380元
出版日期／2025年8月

國家圖書館出版品預行編目資料

幽默一點，溝通就會順一點 / 草刈MARTHA
作；廖玠淩譯. -- 初版. -- 新北市：楓書坊文化出版社, 2025.08　面；　公分

ISBN 978-626-7730-30-0（平裝）

1. 幽默 2. 溝通技巧 3. 說話藝術

185.8　　114008883